DISCLAIMER

FIRST EDITION - Published 2022

Extra Graphic Material From: www.freepik.com
Thanks to: Alekksall, Starline, Pch.vector, Rawpixel.com, Vectorpocket, Dgim-studio, Upklyak, Macrovector, Stockgiu, Pikisuperstar & Freepik.com Designers

This Book Comes With Free Bonus Puzzles
Available Here:

BestActivityBooks.com/WSBONUS20

5 TIPS TO START!

1) HOW TO SOLVE

The Puzzles are in a Classic Format:

- Words are hidden without breaks (no spaces, dashes, ...)
- Orientation: Forward & Backward, Up & Down or
  in Diagonal (can be in both directions)
- Words can overlap or cross each other

2) ACTIVE LEARNING

To encourage learning actively, a space is provided next to each word to write down the translation. The **DICTIONARY** allows you to verify and expand your knowledge. You can look up and write down each translation, find the words in the Puzzle then add them to your vocabulary!

3) TAG YOUR WORDS

Have you tried using a tag system? For example, you could mark the words which have been difficult to find with a cross, the ones you loved with a star, new words with a triangle, rare words with a diamond and so on...

4) ORGANIZE YOUR LEARNING

We also offer a convenient **NOTEBOOK** at the end of this edition.
Whether on vacation, travelling or at home, you can easily organize your new
knowledge without needing a second notebook!

5) FINISHED?

Go to the bonus section: **MONSTER CHALLENGE** to find a free
game offered at the end of this edition!

Want more fun and learning activities? It's **Fast and Simple!**
An entire Game Book Collection just **one click away!**

Find your next challenge at:

BestActivityBooks.com/MyNextWordSearch

Ready, Set... Go!

Did you know there are around 7,000 different languages in the world? Words are precious.

We love languages and have been working hard to make the highest quality books for you. Our ingredients?

A selection of indispensable learning themes, three big slices of fun, then we add a spoonful of difficult words and a pinch of rare ones. We serve them up with care and a maximum of delight so you can solve the best word games and have fun learning!

Your feedback is essential. You can be an active participant in the success of this book by leaving us a review. Tell us what you liked most in this edition!

Here is a short link which will take you to your order page.

BestBooksActivity.com/Review50

Thanks for your help and enjoy the Game!

Linguas Classics Team

1 - Antiques

```
L M T M R G Z X S W W N W D
W Y Q G H N U M R C R W W O
A I T A M A G N O W E B J E
B G Q M Y K O A A E K L O H
A S G I W F T K G A A Z V I
D A E A A V T D K A N D V A
O T U L C K S U A N Y A K S
R I Q I E G A L E R I A D A
A L H N X G W S W L L H Y N
U A C A K H A M U R S S H V
M U V P A S L N Z H A F I N
U K O P E R H I A S A N T Q
M V N S K U B S I I E X I F
R F Z V F K V I N E S L U X
```

SENI	WONGAMAT
ISIN	PERHIASAN
ASLI	LAWAS
ABAD	KANG
GUNAANAD	KUALITAS
HIASAN	REKA
ELEGAN	GAYA
RUMAH KACA	ORA UMUM
GALERI	NILAI

2 - Food #1

```
R C J P E U W G G Y X B K H
I A P I S I Z O J L Y A A A
A L S S U S U L R K K Y C M
Y U U A E T B C J T P E A I
K G J O B N Z G M M E M N L
C H X U G A N C B B E L G M
Q P R S C B W T U N A T O U
I M B U X Y A A E L I V B N
H T U R N I P S N L W I M C
S B A N D I N G I G S U P R
A O N K K G J Y C L V G C A
W C A G Q G A R A M M Y D T
W Y O G H U R T N A T A Q J
W O H P I R S A L A T B W C
```

HAMIL MUNCRAT   KACANG
WWW   WOH PIR
BASIL   SALAT
WORTEL   GARAM
KYAIR   SUP
RASA BAWANG   BAYEM
JUS   YOGHURT NATA
WASHI   GULA
SUSU   TUNA
BANDING   TURNIP

3 - Measurements

```
K N Q J I Z I P Z W A N F D
H U A W A V D W U I Q A C E
K E L Z C M C M C M A R G S
W L R I O D H U W U R M U I
C R N H G X B R B G U A K M
U R C B M A F U L T B D R A
N N M E O P I T H Y A O Y L
J E A V N L L M P C J S O F
H C S N O T O L E N G K A P
X G A J T R I G K B O F C S
C S A B D J T T R V Q Z G G
P T X O V J W Q E A Q C K B
U K N O Q T Q L Y R M B P T
K C N T W B S W M E N I T P
```

TURU   MADOS
CENTITER   LENGKA
DESIMAL   GRAM
KULIGAI   MASA
JABUR   MENIT
DHUWUR   ONS
CM CM CM   TON
BOLOGRAM   BOOT

4 - Farm #2

```
K B Q H D G L M T B D C K X
D E R O T K A R T W G U K Q
J R D W G D M Z C C T Z O R
N A M U D N A G A K A M T X
Z U G S N N K A Y O N Z S X
S O P U J A C X Q C I K A B
E K S Q N H N R O H V L Y N
B E B E K G H G A U I W U J
X M Z W S P P A D A N G R F
L M Y W H U H K O M B U A Z
B U D W X I S A G I R I N C
K A P O K J E U M A T U R J
A Q I R O T A N I K E W A N
H J T F Q J X C J H I Z S S
```

KEWAN	KOMBU
WWW	LAMA
KAYON	PADANG
JAGUNG	SUSU
BEBEK	KEDUNAN
TANI	KAPOK
MATUR	TRAKTOR
WOH	SAYURAN
IRIGASI	GANDUM

5 - Books

```
S O D A D N A R A T O R T M
T A L A S G M D S K E J R F
P I S I U P W W T O L U A I
R E I T I L A U D Y M R G F
V T T Y R S Q G W O S M I B
K Q F U B A Y U A S D S K O
P A K M A V C L Z P B K V U
A K P S I L U T I D M E W L
P O O O A D A T I T T T K L
A L F R K F G N I N G N I N
N E L O L O H D G O C O C P
X K U M A T M R M A Q K O U
U S D U O A N A F X N P V J
O I Y H W Y C P J A B O N I
```

PETUALANGAN	NARATOR
SALAT	NING NING
KOLEKSI	KOYOS
KONTEKS	PUJI
DUALITI	PUISI
KAPOK	ABON.
PAPAN	COCOG
HUMORO	LUGU
DADOS	TRAGIK
SASTRA	DITULIS

6 - Meditation

```
W  K  O  P  D  B  B  P  S  Y  U  K  U  R
I  U  P  M  I  X  V  É  A  N  V  A  U  I
B  E  R  J  E  K  M  M  A  L  A  S  K  Z
W  Y  O  Y  T  N  I  A  U  M  U  R  U  H
S  G  S  F  A  D  E  R  X  N  L  L  A  C
C  N  T  K  N  Y  B  N  P  E  T  N  R  X
Q  A  A  C  G  U  C  Q  G  N  W  B  D  O
Q  R  T  G  I  H  T  A  K  A  M  Z  Z  C
U  I  Y  I  N  A  I  S  O  M  E  K  A  Z
D  K  U  S  J  A  N  U  D  P  A  P  T  C
K  I  S  U  M  V  R  J  S  A  L  D  Y  V
X  P  P  U  R  N  A  A  V  H  A  Z  R  Z
Y  R  D  R  T  J  B  D  K  T  M  L  R  E
K  Q  Q  H  Z  B  F  T  E  N  A  N  G  M
```

NAMPA	PIKIRAN
TANGI	PURNA
PÉMA	MUSIK
TENANG	ALAM
KATHI	SALAM
KARANGAN	PROSTAT
EMOSI	MENENG
SYUKUR	PIKIR
UMUR	

7 - Days and Months

```
Y A U N K X W C X M V R O F
Q K K A J R Z D S M A R D I
S O G T E R A M A S R V D C
G Q P A J J N N B E R A A F
M T L S D U A G T N H P L Z
A I L U J F M N U E D P A A
B G N E I F C A U N P I N E
A K A G Y A S S T A G N G S
K B O B G O A A N W R G J W
S É D F S U M M Q O E I N T
O R E B U Q I I Z A L U N É
K I N I R A K E M U S H Y G
G S I N I A X W R T B F X O
L I Y G V H S O H M Q I R Z
```

LUNÉ   DALANG
SAMI   JULI
CSAMI   SABTU
BAKSO   KINIRA
JUMAT   MINGGU
JANUARI   KEMUS
MARET   MARDI
AVR   REBU
SENEN   PING
NATA   DÉS

8 - Energy

```
L U R D A E G H O R M M S G
I T R Z A N I S N E B E A I
S Y I S % T G K O W B S N A
T U L I A R P Q B S T I A R
R E K C P O U M R K B N P C
I I U K A P U R A W G I Q I
K B N W K I R V K M A B H N
B N H I D R O G E N E R I A
P T U T I O M T Q Q J U P V
F A Z V W T Y E O K I T O I
X S N J O I P N G F P M L A
N A I C T K J I W T A K U B
J O B Q I A A N G I N G S J
V S M I N Y Z I S E V N I U
```

GSM	PANAS
KARBON	HIDROGEN
YAKITORI	URSA +
LISTRIK	APA, %
PANCI	NUKLIR
MESIN	FOTO
ENTROPI	POLUSI
KATWIJK	CINAVIA
BBM	TURBIN
BENSIN	ANGIN

9 - Chess

```
W M V R T J X M B J K P K G
J E L O V I S R W Y O A O R
O I V N S S M W O K P S R A
I H R A M I M È D I A I B M
G P I W R S R U O A K F A K
N U C A J A R I R E N G N M
I T G L S B U P P T Y I V P
P I Y P G I W J R A T U M P
F H L M V C J B N Q M O V Q
L W O C D D L D L H K S P H
J L J Z E Z H U T K S U Z R
R F W U B Q I Q W Q P R W U
O K I T O G L O B A L I R L
W X C K L F W L Y T C M V N
```

IRENG   PINGI
JUARA   RATU
KAPOK   MÈDIA
KITO GLOBAL   KORBAN
IHRAMI   BASIS
RAJA   GRAM
LAWAN   KAFKA
PASIF   PUTIH

10 - Archeology

```
U V C H P K E T U R U N A N
H J U U A M I S T E R I C G
X F O B N I L W A N Y K G O
O F X S L T M A K A M É R A
D A O A I L A L F C N L Z X
Q I Y P T K R P G D H L R P
K U W A I M U M X A I D X R
P E N A B A D A R E P L A E
D A H S S U T K A K V E A N
L T K B J A A C J R Y H P H
C E E A D R D M N C A N D I
Q U J I R K C F A I L T S Q
D N B T H U F X B Y K F V R
A K O P A R M I G I A N O D
```

HUBSAPA	KAKTUS
PARMIGIANO	MISTERI
DILAH	OBJEK
PERADABAN	DIWASA
KETURUNAN	PANLITI
ÉRA	TIM
BANJAR	CANDI
PAKAR	MAKAM
LALI	

11 - Food #2

```
P U A X G E F R L D P M V T
I P R T L Y K C O K L A T E
S S X S G N K Y P J Q H X L
A J V W A Y A T I P A S L O
N A K I L O K O R B I M N N
G P A R M I G I A N O X U G
K D H L F G A N D U M A K R
P E G A N G G U R E L E S N
I R J H Q W G F M W N W E A
T O X U D D K U S P A F T S
I T G R A N A P A D A N O I
K I G N A W M A L A U L B U
L S P F T O M A T I Q T U Q
A O W Q Q I C U S X B N P I
```

URSA	TELONG
PARMIGIANO	IKAN
PISANG	ANGGUR
ROTI	HAM
BROKOLI	PITAYA
SELER	JAMUR
KEJU	NASI
ALAM WANGI	TOMAT
PITIK	GANDUM
COKLAT	GRANA PADANO

12 - Chemistry

```
C A I R B O H W Y X P F O H
V O A I F F K L I M A S A I
E J M C U H U S D M N B G D
M O L E K U L I I J C O A R
I X B M W W V L O G I O R O
Z N U K L I R A L Q E T A G
N I R O L K K T A E X N M E
E O I N O B R A K A F F W N
D N A W V L D K L Y X R W H
O R G A N I K I A Y U H W C
D I B O H X D G A S A T O M
U B H W K X G X F N I Z L S
W V V B A A P A N A S R G D
O B H Z L E W S K K E E S K
```

ASAM	HIDROGEN
ALKALOID	ION
ATOM	CAIR
KARBON	MOLEKUL
KATALIS	NUKLIR
KLORIN	ORGANIK
PANCI	OKSIGEN
ENZIM	GARAM
GAS	SUHU
PANAS	BOOT

13 - Music

```
Z Y I H I T P A N G G U N G
C G M T B Y U E B O Y L O C
C A T A T A N R T R E Y F U
W B I B T D B O K A A Z O K
E O R H A A Z K I S U M R L
J S W A F L S E G I I P K A
X I P R F I A A N N L H I S
C O G M W B A D I O A M M I
L N Y O K O R O S M L H H K
T I E N I R A M A R U B D R
M U R I J F W I L A K O V G
S U X I U Z S H U H U U Y S
T M W D K T V R F B B K V Q
Q I N S T R U M E N C M R O
```

BUKU LALI	MUSIK
BALAD	SOBA
KORO	TURKSIH
KLASIK	CATATAN
HARMONIS	IRAMA
HARMONI	RITMI
INSTRUMEN	SING IK
LIRIK	SWARA
ORA	PANGGUNG
MIKROFON	VOKAL

14 - Family

```
T S P J R G A U Z A M A R Q
N T U V U L W R G N A B A W
S Y T Q O F U B I A F O C T
H V R F N G C Z O K I E I G
N Y I B R N O S Z P L T A Z
L J O B R U U E P O A A D A
A V R I V K M P X N B S F A
E W A N C A S U R A É D A S
A M B A H K B P D K K Z A L
L P U C U H J U H A È L V H
X I N Q Q A M B I N W H E H
K O K F V B S I K C È V I V
B O J O B M G F K L H R B C
P A M A N M Z Z K O D C Y J
```

ASAL	AVR.
LIK	BOJO
ABANG	UMUR
ANAK	IBU
SEPUPU	PONAKAN
PUTRI	DHÈWÈKÉ BALI
RAMA	ANCAS
PUCU	DHIK
MBAH KAKUNG	PAMAN
MBAH	

15 - Farm #1

```
M L A J M R Y Y T W K P J J
G I D L U K U P U P U A T S
P J L Z B T H J H P D D L T
R J Q A T K W F A A U A B P
S A P I N S I F X R O N A I
K K H B K O J O M Z A G S T
H B N O K B I M A D U N U I
B E L F I A N S X G P P I K
L É K U É N S F A V W I K X
T R B S V Y N O W A T K Z O
N O U D F U A P C W B F I D
H M I R B P T G R A Y T I O
C T I N V Z E A P J E G F J
P B I S O N T N A S I G D C
```

TETAN	SOCA
TAWON	PUPUK
BISON	PADANG
MILANO	JAWA
LÉKUÉ	BU
PITIK	MADU
SAPI	JARAN
KUDU	NASI
ASU	WIJI
KULDI	BANYU

16 - Camping

```
K K I P O T C O G S V Z M Z
A O I B E H X J V H G H B Z
N M N P N T F K A L A M U W
O P C P J Z U K G Z T C R U
E A T E P Y U A A W A I U L
H S G U N U N G L B L W V A
A S V R S A V E X A I K I N
M E H O E H T I Q U N L X X
M R I E N B B U F T A G H F
A A J K E V W L H A W Z A M
C N W D N T L A G A E O M N
A G Z Q G U P H X P K O É W
N G E E G W F F J E H E K O
U A Z U M W E A Y H J C T T
```

PETUALANGAN   MBURU
KEWAN   SERANGGA
KAB   TLAGA
KANOE   PETA
KOMPAS   WULAN
IKI   GUNUNG
HUTAN   ALAM
SENENG   TALI
HAMMACA   KÉMAH
TOPI   WOT

17 - Algebra

```
Y D Q D P O O D I R W M D U
C X Q T A J C S N U L A B E
M A T R I K S A Z M B N Z W
D J O B O R O L O U O V O O
S X U R D G W A S B A D L
I A U M G S N Y Y F O R N W
R O T K A F O I U F T I N Q
A P T V A T M P P I G A K W
P N Y F I N O P A S S N W B
S A A L U M R O F K G P A R
H I L U M A R O Z A H C R C
Q A T S I W A M R R U G C H
F Y G N U A W H Q F Y G G M
X G W H F U M A S A L A H I
```

PARI SD	MATRIKS
RUMUS	NOMOR
MAWISTA	DJOBOROLO
FAKTOR	MASALAH
PALSU	SAPONIFY
FORMULA	BOBOT
FRAKSI	PING
ORAMULIH	VARIAN
BALUNS	NOL

18 - Numbers

```
T B V Z K E U M T E Q I A Q
F A M I L C C W E M F V B U
S B M P A P A T L N E N E M
I D T B T Y U I U G E B O S
J U N N A D S D V G U G M A
I A Z W Z H J E C A N B U N
P I T U L A S S A L O R R G
O U W T V C A I S X W S U A
R B P I B J X M B U A A T N
I O V P I W H A P W I K H G
Y D N S S K T L A H M A J U
V H T G A S A N G A L A S A
W A L U R U X E C J I T N B
L W F E C O N C X Y D F M H
```

DESIMAL	PITU
WALU	PITULAS
MIAWON	ENEM
SAKA	GENEM
LIMA	TAMBAH
PAPAT	URUT
BISAR	TELU
SANGANG	ROLAS
SANGALAS	RONG
SIJI	DUA

19 - Spices

```
K Z F V E L R Q E V L P V C
S I Y Y I O A I H H Z A A T
V K W B E H S M A S A R N G
V I R A K H A I J Y T M I S
E X Q R M R B R O O K I L D
K F C P A I A U O E K G A Y
O W X K D L W S N C M I C S
K X H T R N A S K Z B A S Q
O E I B A U N O O B G N U M
M S P I K N G Y X P L O L S
B W Z D B P O R T U L A C A
U B A N D I N G G I A M F C
P A P R I M U R F B A F I D
M A N I S G A R A M V P G Z
```

SURIMI
PAIT
KARDAM
KYAIR
KI
KIWAMI
KOMBU
KARI
MUNG BOON
RASA

RASA BAWANG
JAHE
PORTULACA
BANDING
PAPRIMUR
PARMIGIANO
GARAM
MANIS
VANILA

20 - Universe

```
P T D J D N W E B P E V W I
E R V O M M A K U J D Z S O
N O T A K U D U K T J S J F
A T O M G S I A A I I U R L
U Y B H E I H T K B M M T T
D L R K M P A O É R O S P R
N A L U W A R R Z O N S O N
A B I M S K M N O F O T K K
P O Z D Z V A M D D R D S M
F L M Z J Y L L I M T P E N
Y G L A G U A B A R S Y L V
H M B M X P H L K G A M E K
G D L A N G I T W M D S T V
O H H G X Q P L A N K T O N
```

PANDUAN   WADI HARMALAH
ASTRONOMI   WULAN
ATOM   ORBIT
MUSIPAK   LANGIT
KOSMIK   SURYA
LAGU   BUKAKÉ
EKUATOR   TELESKOP
HDM GLOBAL   KATON
PLANKTON   ZODIAK

21 - Mammals

```
M O N Y E T K G P U H Y J G
K H J H W I A N A R A J A D
S A G N I S F I U U J H N F
A J P V L S B P S G A G G M
O A H O U Q O A T N L O G P
A G B X K A K J H A E R U I
U T I M V R C D K K J I T N
N D O J Y I Z U I A U L E G
K A N G O T R K R A F A O L
L U M B A L U M B A S O W Z
M C M F D I T C I H X U X E
I B H O P C N U L G Z B Z G
L É K U É E A C O U O R Z Q
O P R M E K J M K N G G A P
```

KOLIBRI   GORILA
JANGGUT   JARAN
KANGO   KANGURU
LÉKUÉ   SINGA
ARIT   MONYET
ASU   KECIL
LUMBA-LUMBA   KAPOK
GAJAH   PAUS
FOX   JANTUR
JELAJAH   PING

22 - Bees

```
L I L I N R P K X T V J E R
L A M M A N A G A R A N K I
T M Z F K E M B A N G N O C
H B N K J K U M Z D N I S O
U U H J E H S D P M A G I T
B A H A G I A S U W Y K S T
B N W G Z V H E U D A M T A
P O L O G V R T B W I E W
U N D L H F W A A A I Z M A
A N Y V E F S N R R M S U R
L A S W I W I G U E V A Z N
M A N F A A T G T C G J N A
D T L Q G W L A A Q H E T D
S U K I Y A K I M Y I C W O
```

MANFAAT	SERANGGA
ANNONA	RICOTTA
BAHAGIA	SUKIYAKI
EKOSISTEM	LAMMANAGARA
KEMBANG	RATU
MATUR	UDUD
WOH	THU
TAMAN	WARNADO
WAYANG	LILIN
MADU	SWIWI

23 - Photography

```
J P R Y Q K O B J E K S D K
Z R Q T G J O P G X A Y N P
Z I G X B M G M R U N J T O
K Y K A M E R A P O J B J T
G A K O N T R A S O S E O R
Q R K X Z G L L M Z S T Z E
L A U S I V I Z V E M I A T
A N F W O I F B Z B Z S S T
Q J A Y U N O X X P U I X I
L A R P W W A X Y B J N L I
H A U W A F J M T D I I T E
Z J G H R I R E N G N F É C
L V I U N H P R G A I E M C
J U P M A L N I E Y S D A I
```

IRENG	LAMPU
KAMERA	OBJEK
WARNA	PROSTAT
KOMPOSISI	POTRET
KONTRAS	AYUN
LAGU	TÉMA
DEFINISI	JINIS
PRIYARANJA	VISUAL
PIGURA	

24 - Sports

```
Q Z O F B G O E S S G P J P
S K X D M I U P R B M I T I
S M R U Y P S S X D R N D N
I H R A M I A B T E X G I G
N O I D A T S T O I C I P P
E A T L E T G R I L N Y L O
T B Y Z H M I E P H A O O N
A L N Y H D M C X E A U M G
P U R N A C N A O M R W I G
H O K I O W A I K I A I N D
Z P R W R Y S B W U U N G X
E C C H T Y T N E T J J B A
W A S I T C I S E P E D A U
N G M S A Q K O J X K I J T
```

ATLET	GIMNASTIK
BISBOL	HOKI
PING PONG	PURNA
SEPEDA	PINGI
KEJUARAAN	WASIT
PATIH	STADION
IHRAMI	TIM
GUSTI	TENIS
DIPLOM-ING.	YOUWIN

25 - Weather

```
F  S  A  J  P  R  I  A  S  Y  F  U  Q  N
D  U  W  A  D  E  U  W  J  D  K  N  O  L
L  H  L  I  D  S  L  U  M  P  K  U  D  U
A  U  V  M  M  O  T  A  K  E  R  I  N  G
N  M  U  K  U  S  A  T  N  S  A  K  A  M
G  D  A  U  U  J  L  T  I  G  K  I  W  Q
I  X  C  R  I  T  I  Z  G  N  I  R  A  G
T  N  S  U  A  N  K  W  N  A  G  E  K  T
L  L  I  H  B  I  B  E  A  C  W  Y  I  F
M  R  É  N  É  A  C  K  P  A  J  O  P  D
K  A  B  U  T  X  V  A  D  M  J  B  O  R
H  Y  E  Z  H  U  F  U  A  B  L  Q  R  U
N  P  P  U  V  B  B  I  X  M  V  W  T  F
Y  D  N  H  M  M  W  X  U  K  V  C  C  Z
```

ATOM	MUJI
MARAICA	MACAN
IKI	PELANGI
AWAN	LANGIT
KERING	DAWUD
GARING	SUHU
KABUT	MRÉNÉA
HURUK	KUDU
TA	TROPIKA
KILAT	ANGIN

26 - Adventure

```
P O P J B P U G J W L A M K
K O N G A E T N P N H T C P
Y T D J H R S I T K A N C A
L J E T A S C S A U U V H S
A M S V Y I K Q W T N H B E
X M T E A A U A M O P I L N
O E I C Y P R A A N O Q L E
R H N Y W A O N L M V Z K N
A F A M È N S Y A O A M O G
U W S G N K N A E G F N Y I
M C I L P J A R E W T P A U
U L O F Z Z V X V V X N K N
M D P Z F X I L A P A G N D
S I R A F A S H C U A T P U
```

AKÈY
LIPOMA
SING
BAHAYA
DESTINASI
UNTUN
NGAPALI
KANCA

TAUCHSAFARIS
SENENG
ALAM
NAVIS
ANYAR
PERSIAPAN
KAAMANAN
ORA UMUM

27 - Restaurant #2

```
S R P Q D D V G X G B V L Z
J E C G L L H T E A A G R N
C D N A S I N A M R S W Q W
G K J D O G A L X A A W Q S
G U I H O W K A M M T N A U
P F S C T K I S R U K W H H
L M U P R A G N I P A D E S
L N G U L U C S B A N Y U J
V S G S I P L T O F J U S D
C P N A R U Y A S B T V K K
L X U I G E P O N Q A E N H
V Z N A V D B F W S H L V H
A V E R N M U O Y L X U R E
C L P Q M E N I X J Q H Z C
```

MANISAN	SALAT
KURSI	GARAM
SEDAP	SUP
SOBA	BASA
IKAN	SENDOK
GARPU	SAYURAN
WOH	PENUNGGU
TA	BANYU
PING	

28 - Geology

```
L I E K P A N A H F W W W S
A E R R Z I K M H R U R M I
V J O I S R R Z G A R A M K
A Z S S J T S O M Q I Z J L
T G I T V S B F K J A H S U
G B M A S A N A B A L S X S
I A N L D L F H G E K T O W
P T N G A A R A A W I T A T
H U O L E R F K M K M R U B
G X F W F I E G O P D K L S
K R É T A E B N H P F O E R
X F O T O H M U I S L A K N
L I N D H U Z B M M H L W F
G P N X K H W Q Y X Q A C C
```

ASAM	ALASTRIA
KALSIUM	LAVA
ANA	LAIR
BANA	MINERAL
KOALA	PIRO
KRISTAL	WWW
SIKLUS	GARAM
LINDHU	KRÉTA
EROSI	BATU
KAKTUS	BUNGKAH

29 - House

```
K A P U S T A K A N E T A P
K E C P I N G P O N G M Y C
W C L I P D M H Q O A O P F
L A R Q A V M X Y W T C P J
L T I B C T P U A A M T L R
M M D K A H N B Z P A A Z Z
A Y U U K T B A I A N M P D
K M L N H S W G L N D A T I
R N A C A K M S X G I N E L
K P E I M W O M I G A S M I
D A M D U P A S R U N O B A
E N M B R A M A E N H C O L
D L W A F O X A A G L A L W
R M B W R J G A T T I K P C
```

ATTIK   KUNCI
SAPU   PAWON
GORDEN   KACA
BRAMA   KAPUSTAKAN
SOCA   PING PONG
PANGGUNG   PATEN
LANTAI   KAMAR
RUMAH KACA   MANDIAN
GSM   TEMBOL
TAMAN   IDUL

30 - Physics

```
M O C K U I S N A P S K É M
O P G Q C X T P T J M H K A
L A K O C B C Z O S E O E G
E T O I G A S J M F K A D N
K A S A M P A N C I A N E I
U N O K Z I F N M O N T P S
L O A T W Q A O U M I É A U
K L K E N G Y W R K K N T B
P A R T I K E L W M L A A M
Z T I P S V L R D E U I N I
B K S V E T Y B T D O L R A
Z H L L M Q Z E V I O I A I
U Y E M O R B I T A L D P C
R N T Q X O B K H Q J Y E S
```

ATOM
KAOS
KIMIA
KEDEPATAN
PANCI
MESIN
ÉKSPANSI
FORMULA
ANTÉNA
GAS

MAGNIS
MASA
MEKANIK
MOLEKUL
NUKLIR
PARTIKEL
OPATANOL
ORBITAL
MBUS
OCBC

31 - Dance

```
S  J  E  C  H  K  W  L  A  X  N  K  L  G
I  F  A  R  G  O  E  R  O  K  X  R  D  L
T  R  A  D  I  S  I  O  N  A  L  D  Y  Q
S  E  N  E  N  G  A  F  A  W  G  V  H  A
S  T  R  K  P  G  M  K  L  A  U  S  I  V
N  C  U  Q  C  B  U  I  A  G  T  I  O  P
C  Q  P  M  V  R  T  S  D  D  D  Q  K  M
K  L  A  S  I  K  S  U  Y  E  E  I  H  J
I  C  Y  T  O  D  H  M  P  F  I  M  H  N
I  K  I  N  F  O  Z  G  K  V  X  P  I  Y
O  S  I  R  A  M  A  Y  A  D  U  B  A  N
U  F  O  R  V  V  D  O  Y  D  Z  W  S  R
A  N  K  M  T  O  S  W  A  U  M  U  F  L
A  M  O  S  E  N  I  U  R  S  A  R  S  X
```

AKADEMI	NIKI
SENI	SENENG
AWAK	PURNA
KOREOGRAFI	MUSIK
KLASIK	LAN
BUDAYA	IRAMA
EMOSI	TRADISIONAL
URSA	VISUAL

32 - Colors

```
M W T K H A J C F B J E U C
G R T X W D C W V J O J I K
C D Q P W Y H N B B P B J D
F Y V S F A I R U M U B O I
F I C N X N K E F A T P H T
P I C O K L A T X S I O O M
J I R O L K L O F T H R D C
R P N E K I R A C A Y T C O
Y R C G N A B A J N O U M J
D Z Q L U G N U F A R L G L
K U N I N G J M B O O A V V
E G X N K W X X X H I C K T
L S J X R O Y R M B E A U H
W A G N B I R U D Y Z N A K
```

ASTANA
BOBOT
IRENG
BIRU
COKLAT
ADYAN
PORTULACA
IJO
KIRA

MURIA
PING
UNGU
ABANG
OCTYA
FOLKLOR
PUTIH
KUNING

33 - Shapes

```
L F B N F M H Z I R W A M A
I S I S M R P U F H I G U S
N I Z W S S Q A W A K I N K
G V L A X K : R T G L R G U
K H K P O J O K B S B U Z R
A A W U V O T F Q A A A I V
R F R Q L C N H Y W D P M E
A Y T C Z A G P O L I G O N
N H P W J N I P M I M C U P
P R I S M A L A F M A Z B J
E D G E W M A F V G R O Z N
J J Y M U L U G N A I R T I
W X R I V D Z N K O P A V R
Y T O O X C E O V A L V J J
```

ARC   MUNG
LINGKARAN   AURIGA
OVAL   POLIGON
POJOK   PRISMA
SUGIH   PIRAMID
KURVE   IMPINJ
ALIGN TO: SISI
EDGE   KULA
AWAK   TRIANGULUM
PASTA

34 - Scientific Disciplines

```
P A O X T A M O P I L E W E
S R R I E S B Z U R W W X K
I K G B R T I I O X G M E O
K E A M M R M G O O M Y K L
O O N B O O U O T K M L I O
L L I O D N N L S H I F T G
O O K T I O O O M E C M S I
G G A A N M L E P P X B I T
I I X N A I O G B R Y N U A
V V Y I M F G B I O L O G I
R M V G I N I N I K A H N M
K X H K K I N A K E M L I I
O Z V S A P L I Q V S L L K
N E U R O L O G I J L U T T
```

LIPOMA
ARKEOLOGI
ASTRONOMI
BIOKIMIA
BIOLOGI
BOTANI
KIMIA
EKOLOGI
GEOLOGI

IMUNOLOGI
LINGUISTIK
MEKANIK
NIKAH
NEUROLOGI
PSIKOLOGI
ORGANIKA
TERMODINAMIKA
ZOOM

35 - Science

```
K R C O S Q C Q M N V E D H
E A K I S I F B E F Q A A E
F I K I I S J K T A S T D J
N N M T S R K W O K I O O H
P A O M U S M A D Z V M S Y
P T L I L S I S E T O P I H
A O E N O I L M U P R V S K
R B K E V F D H F A K T A A
T C U R E P H I Q C D F T L
I A L A T T O C I R A V I A
K G B L H P O Y U H F W V M
E U L L A B O R A N A T A V
L J T P P O Q U Y V N Y R E
I Q W T N N T S O T M K G G
```

ATOM   LABORANATA
KIMIA   METODE
IKI   MINERAL
DADOS   MOLEKUL
EVOLUSI   ALAM
BOTANI   PARTIKEL
FAKTA   FISIKA
KAKTUS   RICOTTA
GRAVITASI   ILMU
HIPOTESIS

36 - Beauty

```
G U N T I N G Z F V Z T U J
Y X G W S M X D O M M X U V
R M A J A V I K T G X Z N B
L O W S W Z O O O V H U I I
N G A Q O G R M G U R Q K A
T D G J S K M B E B Q Z I L
N F A N R A W U N X V H W Y
H I K N P I M K I T S P I L
S F G F G X T P K U C Y T X
Z K W Z Q W G N O P G N I P
W A N G I M A Y L O A E L U
E L E G A N Q R G J V Q U H
E B Y L Z R F V A I T V K H
H Z R U L B G A H S L V J A
```

ASOK	KOMBU
WARNA	PING PONG
KAGAWA	FOTOGENIK
NDANG WARAS	GUNTING
ELEGAN	AVR.
WANGI	SAMPO
NIKI	KULIT
LIPSTIK	

37 - Clothes

```
B C O R L O W J P A Q D Z I
Y A P Z O K K L F O F C W S
D J N G N K D Z Z A P E Z A
U S G T I L U K K O R O D S
W Z I E A M E X O I M C K P
V N O K H L G E L A N G D I
U R K A K A C A M A T A U R
Z M O J H K G C O Z Z T N A
G R A M L A G U H F K A O S
M S D I F E Z P E L I P O T
S A R U N G N U L A K A U U
U I V L G T C K A J P S S Q
L R J C F C F W S B D C Z E
B P E R H I A S A N G X O U
```

POPOK   JAKET
GRAM   PERHIASAN
BLUS   KALUNG
GELANG   ROK KULIT
BANTAL   KAOS
KACA MATA   AINOL
ISA + SPIRA   SALEH
SARUNG   SAPAT
TOPI   ROK

38 - Ethics

```
J U W I T R O P T I M I S D
Q F U R K P A C W B B N A H
D N D N E O Y T B A V I R A
S A B A R A L H A H H W A R
Y R K G T M L I N L A U W M
X U I N X W Y I B O I R G A
B J T A Z I V F S R S T N A
U U A R N Z T O W M I L A T
D J M A K K P S M L E A D S
W E O K N W D O A P H M N J
L K L J G M I L T Q C S I G
K O P E R A S I U S A S T Q
I Z I H W M U F R Q K O H A
D J D H R G F W A B O U T Q
```

ALTRUWIN

KARANGAN

KOPERASI

DHARMAAT

DIPLOMATIK

KEJUJURAN

KOLIBRI

ABOUT

OPTIMIS

SABAR

FILOSOFI

RATALITAS

REALISME

MATUR

JUWIT

NDANG WARAS

39 - Insects

```
L M H N N C J R A Y A P R O
A K A H L Y S I P K E N O F
N O C R I L A C I L B D J N
D U L P G Z U M V B M G L G
A S S Q H A Z W U T A W O N
A A Q J F M U N G K L O K U
U K A P U K A P K C E P I K
U A J P C Z C T U T Y C P G
Z J A Y O E O A M M B A A N
B K S S C T G P B B J V E A
K U P U O A G I A W U F F K
R T L X K C N R N D Q L W H
C A C I N G A N G H T K N K
Z K Z C I G K S É M V G A N
```

LANDA	KANGKUNG
APIKOL	MARGA
TAWON	MUNG
KUMBANG	TAPIR
KUPU	NYAMUK
PAKU PAKU	RAYAP
COCOK	ANNÉ
KANGGO	CACING
KOUSAKA	

40 - Astronomy

```
A M A R B W Y H S A K W A L
G S B H D M G L O B A L D A
P U T É I I B B M L I Y H N
R H O R R X T U S R D M I G
S C N Z O O N M O O O B R I
L U O V L N K I K B Z O I T
A I R H A A O A J S D Y A O
N H T P Q L J M N E J Z U A
A P S O O U F N I R K N H K
U O A K W W E Y B V Z X U È
D M D E M P U I H A C W M H
N I U G N I P X V S Z H O U
A R O K E T I S A I D A R I
P M G S A T E L I T K U Y U
```

PANDUAN   WULAN
ASTRONOT   AKÈH
ASTRONOMI   OBSERVASI
OPHIUCHUS   BÉROKAN
KOSMOS   RADIASI
BUMI   ROKET
GPRS LAN   SATELIT
ADHI_RIAU   LANGIT
HDM GLOBAL   BRAMA
PINGUIN   ZODIAK

41 - Health and Wellness #2

```
G V K Z Q Q T M N H M G E A
W E J Y I H J F U A H V R L
I N N A H I S R E B E K K E
F A M E E Q X Z C B Q N A R
F P U E T I N F E K S I R G
U S L G K I A G C X B T B I
T U I U V R K H G G C M O L
I S H X X O L I P O M A H U
A V I F Y L S B O O T C I R
N W T N F A I E E O E A D U
K A K U G K Y S H Y M K R T
N U T R I S I V G A P M A H
E X C A V O L A N S T F T I
P E N Y A K I T S U R Y A N
```

ALERGI	SEHAT
LIPOMA	KACA
NAPSU	KEBERSIHAN
SING	INFEKSI
KALORI	URUT
CAVO LAN	NUTRISI
FUTIAN	MULIH
PENYAKIT	KAKU
SURYA	KARBOHIDRAT
GENETIK	BOOT

42 - Time

```
C X T D J Y Z I O V A R O S
T P I N G A T A N T W Y T I
P H M G V I M Q G W A D T A
M L A I N A N U A T L N I N
V W S P G E A B A D F G N G
T J C V Q O W S A W I S E C
R T B B I U U R D N N E M L
R L D X J D M I G N I W F U
O M É H W U N F D D D D R N
Q X S R G F B R K B W U T G
C T Y M C D M G H R A U H A
U L N T C F P F R D F P O Z
R G U E S U K E S S S S O N
V V U M K M F T A M B A H S
```

SAWISE	NATA
TAUNAN	ESUKE
CSAMI	WENGI
ABAD	SIANG
DINA	ORA
LUNGA	RAUH
AWAL	DINI
TAMBAH	PING
JAM	DÉS
MENIT	WINGI

43 - Buildings

```
I  J  K  F  X  R  A  L  U  K  M  Q  W  K
T  N  É  R  D  U  T  R  C  I  L  B  S  E
A  X  M  E  X  P  A  H  A  R  M  U  K  D
H  R  A  T  Y  K  N  V  C  B  A  K  A  U
O  Z  H  A  B  M  A  T  Y  A  I  Q  C  T
W  B  E  E  L  J  R  W  R  P  J  K  A  A
Q  Y  S  T  N  N  O  Y  A  K  S  Y  A  A
S  W  P  E  S  G  B  F  X  E  T  P  Y  N
Y  I  X  F  R  M  A  N  F  K  A  S  P  K
U  F  R  D  N  V  L  M  Q  S  D  D  P  D
I  T  N  A  G  R  A  M  A  K  I  C  Z  V
U  N  I  V  R  Z  D  S  O  R  O  F  P  T
Q  I  N  X  D  N  L  U  I  H  N  G  P  N
S  A  D  A  Y  A  A  S  E  K  O  L  A  H
```

UMRAH	LABORANATA
KAYON	OBSERVASI
KAB	SEKOLAH
SADAYA	STADION
KAMAR GANTI	TAMBAH
KEDUTAAN	KÉMAH
PABRIK	TEATER
KACA	KULA
SIRARNA	UNIV.
ARABIKA	

44 - Philanthropy

```
W J C Y N H L H K N S R N X
P R O T O Z O A O G G O L G
P H D B K E G R N A Z U W U
I R B I L O K A T W R W G H
G A O P K D C J A A V O J F
T N B G B X S E K S K N N H
F A P H R P U S I I R G J F
O K U N K A S M H S A J I B
G R U P T Y M E U I T C M Y
M U D A D U R N Q M O I B X
D Y P I Q K C H Z N N A X Y
O A U G L Q H Y X Q V B G P
T U N A R U J U J E K L N W
H E Q A U W P I V S Z C Z V
```

ANAK	SEJARAH
KRATON.	KEJUJURAN
KONTAK	KOLIBRI
NGAWASI	MISI
DANA	WONG
PROTOZOA	PROGRAM
GOL	UMUM
GRUP	MUDA

45 - Gardening

```
O S L K R K E D U N A N S S
K N H D Z E R B U Y N A B I
S O A U K I G R E A O R A K
J F G D U G N E H J N M E I
A E W R W I O E D Y N F C W
P M D Y P K D P G N A L E S
Q A H V C I E P S M I V K F
K O N T E N G P D A T I S A
G P G O D H O N G E M L O F
W V B L U C U W I J I X T Z
B O T A N I K A L C S Z I S
V P K I Z G X D U Z U R S V
Z I P Z N F W E L E M B A P
W R R G E M I D Q T U Z K F
```

ANNONA   GEDONG
BOTANIKAL   SELANG
KARO   GODHONG
IKI   ELEMBAP
WIKI   KEDUNAN
KONTEN   MUSIM
REGED   WIJI
LUCU   BANYU
EKSOTIS

46 - Herbalism

```
Z M I O N A H A B I G Q S I
H U L P O N A I G I M R A P
W R P A O O S D N K J E T S
N I Z R B B H W O C E O I W
A A E H G M K N M E O P L L
M L M G N A O I O S D Z A R
A S A R U J Q Z G B I A U U
N R R M I C H N J Q B K F
A E O P A O T A A F N A M G
T N J M G N A W A B A S A R
F I R Z A W D A R U M I E R
Y L A M C C V A G N A L A G
W U M C I B I M T A M A N P
I K O X T I K K S E N B D L
```

AROMACIK
BASIL
MANFAAT
KULINER
MUNG BOON
RASA
JAMBON
TAMAN
RASA BAWANG
IJO

BAHAN
ALAMANDA
MARJORAM
GALANGA
NGOMONG
TANAMAN
KUALITAS
MURIA
PARMIGIANO
ARUM

47 - Vehicles

```
K F E M R L Q A D E P E S E
N D T B I D Y I M K Q Q M X
I G L K G C V Z K B L T C A
G D J U N Q L T I K A R O P
U A G R A W A L U K B N I A
G L G T W X A Z M U R A S %
M I K A A T A T E K O R K O
C B L X R E B Z P C T M A P
K O S I A I A K R S K O T O
D M Y Z K N N A B A J F C
B S L É K U É N U U R S C X
H E L I K O P T E R T Q G C
R B A N I S E M Y L E E J J
S S X G R D T O F Z F F D E
```

LÉKUÉ   APA, %
AMBANS   RAKIT
SEPEDA   ROKET
PRAU   JABAN
MURA   GAGARINN
MOBIL   KULAWARGA
KARAWANG   TAKSI
MESIN   BAN
GILI   TRAKTOR
HELIKOPTER   TRUK

48 - Flowers

```
S P J P G L E P A S R F Q O
N S U H C U I H P O U X H W
H S I F N W O L C B J J U Q
A L A M A N D A A J A L B N
L T S U I L É N R O K I M A
D I A N T H I N I E Z Y A M
Z L A L O C A S I A P A G I
Q X Z S P L V H O Q S I I S
O O H R K Y V C T R M S C U
U K V F Q A Z E I U K M R P
N A G N I G G N U S K I J T
I R A R O K A R I A T Z D C
L O S S J Q N Z O R P X W Y
L I B R A S O F A I M W B B
```

KARO	LIYA
CLOWNFISH	ALOCASIA
DIANTHINI	ORKID
KORNÉLIUS	RUJAK
AROKARIA	MAGIC
OPHIUCHUS	NAMI SUP
KUTHA	SUNGGINGAN
ALAMANDA	LIBRA SOFA
LILA	

49 - Health and Wellness #1

```
U T Z R U U A M G N A B A J
S A R A F Q D F G C K L A D
U Y W Y R U W U H D T U A R
R I C D E R G U K J I Q F A
I S I H L J B Q N U F K R W
V M L P A I R E T K A B P A
C U O B K K Z W H R H J A T
D K K Y S T U U E O R Z T A
G I O U A E H L J J R H A N
G N L H S R I L I F C M H V
Y I Z A I A X W O T C I O Q
W L Z M H P O B A T T C Q N
Z K K P B I B O T O T Z A I
V X A U W C F A R M A S I D
```

AKTIF	OBAT
BAKTERIA	OTOT
DILAH	SARAF
KLINIK	FARMASI
ABANG	UMSIYAT
PATAH	RELAKSASI
DHUWUR	KULIT
HORMON	TERAPI
LUWE	RAWATAN
CILOKO	VIRUS

50 - Town

P A S T R Y J A M O Z Y L F
S E H E B A M T A M B A H C
C E Y X A D S V J S P K S N
S Q K L N G C A B V Z I D A
O A P O K B K Y P D S B E K
Z P M K L B A N D A R A G A
C P T O P A B F F D W R A T
S K R T E P H X E N L A L S
T I T E A T E R Z U P Q E U
A N T H I S A N H R Y N R P
O I R T R U T L U K K D I A
O L A L I T N A G R A M A K
Z K G Q A N O I D A T S O K
F A R M A S I B V U K N D M

BANDARA
PASTRY JAM
BANK
KAMAR GANTI
KLINIK
ANTHISAN
GALERI
ARABIKA
KAPUSTAKAN
PASAR

KULTUR TRIO
FARMASI
SEKOLAH
STADION
TOKO
TAMBAH
TEATER
UNIV.
ZOO

51 - Antarctica

```
C D X P E B A N Y U H F B M
P N A W A K J I W T A K A S
Z É A L C N S T W Y I U N N
A Y T I L Q L P U C M N A O
P C M R M K O I E G L A W Y
T E P F U H U S T D I M I L
N V U P G S I M H I I I C A
O F O D M O : V I N F S Y N
C R R M L T K D A L A S I G
A V F C G N O F U Q R W R R
W K A N U A L U P H G Q U A
T O P O G R A F I X O Q S N
M I G R A S I W M È E W I E
C U K U R B A G Q S G G F I
```

FONG	TA
MANUK	PULAU
AWAN	MIGRASI
PÉTRUS:	CUKURBAG
BANA	PANLITI
SALAD	ANTOS
KATWIJK	ILMIAH
EKSPEDISI	SUHU
GEOGRAFI	TOPOGRAFI
ÈS	BANYU

52 - Human Body

```
L V M Z C V A W V X H Q W H
K K K G V G V Y R J Z F K T
A U T I L U K Z H A L I D N
T C H X U O M A S A M A R B
O S G D C S I K U N J L H B
S I N G U J R K S D B A G U
C R I N K P G F S R G J W N
R I P U L A M B E I T A S G
O D U R M A C A N K Z V A K
N Q K I E K E P A L A L N U
V W F L F O E Q R X W J U N
M K Z X D T X R G S K L K G
H Z Y U B S J J Q C V L T P
H W I C M Z B A X I M Z K S
```

BUNGKUNG	KEPALA
SING	ATI
DILAH	BRAMA
OTAK	MACAN
ANDRI	LAMBE
KUPING	LUCUK
SIKU	SANUK
WAJAH	IRUNG
DIRI	PUDHUK
OMAS	KULIT

53 - Musical Instruments

```
T R U M P G U T O A M Y E I
S U V V J Z S R U B M A T E
K V A I V D Z O S F W U C C
M W A R O Q X M P R B M R Y
B A S S G L R B O G K U A D
J M È A N P A O F E I S T M
D A L G O M B N N C A F I A
K L A Q W O A G H A Y E G N
I S B U Z W K M B I I Z V D
R I M S U L I N G D B P R O
L B I U M Q W H E È Y A M L
J J R N A G A R A M Y R X I
P A A S V A Y S F X W A L N
I A M V L L P B F W K H B I
```

KABAR	MARIMBALÈS
VIOLA	BISLAMA
MÈDIA	NAGARA
DRUM	PIANO
SULING	BASS
WONGO	TAMBUR
GITAR	TROMBON
HARAP	TRUMP
MANDOLIN	MUS

54 - Fruit

```
K R H E S U S J K O L C L B
D R X H Z T A M C B E G V F
S I K I N D G S U M E C W U
N O B M A J G R B C N H S M
A W T A R C N U M L I M A H
L O W S T I A G A O R K N G
A H A R R A M G J P A P A A
M P S U I Y L N X O T P N V
W I H Y F A O A F F K Z R O
A R I D C T K R K I E W X K
N G B R D I K S Z É N A X A
G N A S I P K E L A P A P D
I C X T I R A M I S U F O O
S V A Y V D G T K F R M S K
```

URSA
HAMIL MUNCRAT
AVOKADO
PISANG
DIBATALAKÉ
ALAM WANGI
KELAPA
GBR
ANGGUR
JAMBU

PITAYA
WASHI
MANGGA
JAMBON
NEKTARINE
NIKI
WOH PIR
NANAS
TIRAMISU

55 - Engineering

```
K E K U A T A N A G N U T I
Y R J U Z S U R Y A U F U F
D H S S T A B I L I T A S K
J Y A K I T O R I J I D T Z
A S S U M B U B A X S X C H
B E T N I J K W D U U U V É
U E L R L % O N S R B I V G
R X W X U T A L I N I L O N
X S X U E K K P R I R A S A
Q F P N P B T B A S T T C W
J A V A N P B U P E S I D A
G G Q N Q B V C R M I T R L
K O N S T R U K S I D I P K
P E N G U K U R A N H X C W
```

JAVAN	SURYA
SUMBU	LAWANGÉ
ITUNGAN	CAIR
KONSTRUKSI	MESIN
JABUR	PENGUKURAN
PARI SD	APA, %
TALI NILON	STABILITAS
YAKITORI	KEKUATAN
DISTRIBUSI	STRUKTUR

56 - Kitchen

```
E I L R H D R G S S H K E J
P K O D N E S Q D Y I O A E
X D M B G N H K I H L U O O
S L B T F E M O U O V J X U
M U A L P J A A G T E R K I
D K M Q R T T H L E C T U P
I A V P U C U C I U D O L A
K B I E I F R U U K J X K W
O B X S S T L Y I A I H A B
P U A E A P D G V R N A S A
O A M R L P B N Y N I L B S
P L N K A Q O B Y U S A K A
Q M W C P J L D F B C N I Z
T R M S I L A G N A M Z D Q
```

POPOK
ULAM
SUMPIT
CUP
MATUR
JINIS
BAKUL
MANGALIS,
LOMBA

PALASI
PANCI
HA LAN
RESEP
KULKAS
BASA
BUNRAKU
SENDOK

57 - Government

```
D S T K H V L O B M I S D U
I H S A W N R A A J M F T I
S K T E N A G N Q S O O X
K K O Z R A R A G E N O J N
U S K N V R P E S S B X H E
S O E P S A Y O A H U K U M
I S A O H T L W I C A R A U
L I D L H E I V Q Q I Q U N
S A I I G S P T G T K Q Y O
X L L T V E I X U S P B M
Y I A I E K S Q I S P C Q H
K S N K X E N U L W I I H T
T F Y K G H E O B M J N F B
K H I Z R Z Z C X G I G Z A
```

SIPIL
KONSTITUSI
SOSIALIS
DISKUSI
KESETARAAN
IJI-P
KEADILAN
HUKUM
ING.

WASHI
MONUMEN
BANGSA
TENANG
POLITIK
WICARA
NEGARA
SIMBOL

58 - Art Supplies

```
P W X O Y Z W G M R W A O O
S E S Q K H P U I S D Q Y P
H R N A P A P D K B O K Z A
J U T S S W M U I S R U K T
F U U I I Z W D L A R F G A
C T K U N L D H I C N C H N
K C L P O T D E R A A C S O
B L V G Y J A R K L S Z U L
A P F P A B M E A U U I R K
N Y E I L E B A T T B Y B O
Y K Y R C M F J C R A G F B
U U W P N R Y O J O P Y Q H
G Y X W A Z B T S P O U G Z
L I M B Z Q D K A M E R A R
```

AKRILIK	LIM
BRUSH	DIANCUK.
KAMERA	TINTA
KURSI	DUDU
CLAYON	PAPAN
OPATANOL	PENSIL
PORTULACA	TABEL
PABUSAN	BANYU

59 - Science Fiction

```
B A R U V R U U G E O V F U
R É M N V O F O L A T W I T
F I R L A B O L G M D H T W
Q M M O S O N U N É M O N É
S G I O K T B U K U F V A P
T Y S S U A S R U Z L W G P
S I T S A T N A F Y E W R B
G J E P X P M A K I M I A I
W F R I L U S I L I A L M N
T R I U L H Q Y X C X N A A
Y R U K X I V B D T S W K R
J W S U I X V A T O M H H W
B X E K S R E M E G Y N I O
O D A R A B U K A T A N N J
```

ATOM	HDM GLOBAL
BUKU	ILUSI
KIMIA	BINAR
KAMAR GANTI	MISTERIUS
DARABUKA	URSA
FOLAT	BÉROKAN
EKSREME	ROBOT
FANTASTIS	SC LAN
IKI	USSY
NUNÉMONÉ	NATA

60 - Geometry

```
P L I N G K A R A N A E Z T
A A I S N E M I D T B Z Q A
K N R K U R V E M T D P G L
I A T A S A M A D C W H H I
G G E R L Q J T H B N B L N
O A M T O E A I U B M U B I
L B Y X T P L S W A N I O L
B A S S I T O P U B O T M O
T B P U D S D L R O M U A N
Q Z S R U F D R O R O N S L
F O D Y Z M D U J G R G S T
X Z N A V A J M G D I A Y I
X W R U M X E U Q K N N T O
J M L A T N O S I R O H O F
```

JAVAN
ITUNGAN
LINGKARAN
KURVE
TALI NILON
DIMENSI
RUMUS
DHUWUR
HORISONTAL
LOGIKA

MASA
ANTROPOLOGI
NOMOR
PARALEL
BABAGAN
BUMBU
SURYA
SYMETRI
ATIS

61 - Creativity

```
N D L H T B F O F K U R Y J
C V X O I S A R I P S N I F
M Z Q C W A Z Y I N F O Y E
Q R G A H V W S A O W X G B
N C V U P C H S E N E Y P E
A D I A N C U K B N G I G M
T T È R A J S L D A I A Y O
A O E R O S O W R T S O N S
Y P J N L X O R A N I M J I
I T N C T K Y A M O V R L L
K I J I N I P O A P W Y H G
A K Z S D W K S T S O D A D
K A G A M B A R I K A T H I
B H L T W Z K R K Z L O T N
```

SENI	INSPIRASI
ATENTIK	KAKIYATAN
KATHI	ROSO
DRAMATIK	DADOS
EMOSI	OPTIKA
RAOS	JARÈT
DIANCUK.	SPONTAN
GAMBAR	VISI
BAYANGAN	

62 - Airplanes

```
C W X U K Z B O L S F K K P
N V E F S T W S A B F E O E
L A B W Y B L A N G I T N T
A Z S B A B V H O N O O S U
T Y H S M I O G L S M O T A
N U A F V O T X A N G W R L
U N R U W U H D B Q V U U A
B R A U I E T K O V N I K N
Y D J X N E G O R D I H S G
X Z E L A N D I N G S A I A
I Z S V N Q P G H D E R V N
N U D A R A R G T I M A U V
B A L I N G B A L I N G Q W
P E N U M P A N G H K Z Y G
```

PETUALANGAN
UDARA
ATOM
BALON
KONSTRUKSI
ONO!
TURUN
ARAH
MESIN
BBM

DHUWUR
SEJARAH
HIDROGEN
LANDING
PENUMPANG
USB VGA
BALING-BALING
LANGIT
BUNTAL

63 - Ocean

```
D H X A S U A P O Z W H V S
A U K M Y D Y S K M A R A G
W K J F A U O N S O B K I R
U A F E C : N K Y N H A Z R
D R U O E Q I Z N Z G I K B
G N M R I J Y I Z P N D U R
L U M B A L U M B A I X R U
J B Y P N O K I J F L K H B
P O J W G L O K S N A K I U
A L G A N : A U X J P U S R
N B W K O I L U D A N G R U
U Z L K W J A F L E T J Y B
T T A K O Y A K I H B U Z U
R C C Y N H X M P C F H M U
```

ALGA	GARAM
KOALA	HIU
WONGNAI	UDANG
LUMBA-LUMBA	BUNRAKU
PALING	DAWUD
IKAN	OMBAK
UBUR-UBUR	TUNA
PIKIR	YONI
TAKOYAKI	UDU:
: LOL	PAUS

64 - Force and Gravity

```
B  B  S  U  M  B  U  P  J  H  N  K  F  O
O  Q  U  N  Q  A  X  P  U  S  A  T  I  R
O  K  B  E  R  F  R  W  X  P  U  I  S  B
T  M  M  T  M  L  S  G  K  R  M  B  I  I
M  É  K  S  P  A  N  S  I  O  E  R  K  T
L  A  D  F  Z  Y  Q  E  N  P  N  O  A  A
U  I  G  I  J  X  I  X  A  E  E  T  K  L
N  S  V  N  N  O  K  U  K  R  P  P  R  X
G  G  Y  A  I  A  N  P  E  T  F  C  L  P
A  M  N  N  K  S  M  X  M  I  U  M  F  U
B  H  G  A  U  L  E  I  F  A  F  L  G  S
Z  Q  U  K  X  K  L  L  S  T  P  G  I  F
N  E  U  E  L  V  P  O  O  R  Z  C  H  Q
F  H  M  T  P  N  Q  B  K  T  J  O  G  K
```

SUMBU	ORBIT
PUSAT	FISIKA
PENEMUAN	TEKANAN
LUNGA	PROPERTI
DINAMIS	ORBITAL
ÉKSPANSI	GRAM
MAGNIS	MBUS
MEKANIK	BOOT

65 - Birds

```
H H I M U O O F T D B A M A
D L A H S K S I W S Q P A N
N I U G N I P T U C U C R A
P K B D S T Q A R W Z F G S
M A S I S I T M V U P B I T
O R M B W P T R V U K E T A
C E Z B G A C O S K I B U S
H M H K L M R F G U L E C I
I Q P A J A B A H F G K A A
Z C X N P M N B A N G O N I
S K J A F Q V J K U D U A U
X B X R W T É N A W R A G E
E C I I Y N R K J A L E H R
D D M Q U R A N Z H N T O M
```

KANARI	QURAN
PITIK	OSTRUK
KUDU	DIBIWARA
CUCUT	MERAK
WIS	MARGI
BEBEK	PINGUIN
ANASTASIA	FORMAT
PAMBLANJAAN	BANGO
SOCA	MOCHI
GARWANÉ	TUCANA

66 - Politics

```
U T W A R V Z O F V X L L K
Y D X O P I N I A U N C L E
B T C A I R O T C I V L P S
J N N B H P L T Q U S A B E
L S Q E J J A E N V I H M T
J V N T V T C Y R B V N O A
B R A C E T % N X I I H D R
Y B H S I T K A K I T E A A
B K I T I L O P P Q K D L A
A A L Y X M M M W A A S A N
S J I V L A B A O I C E N Z
I A P I S D U K S R X G D K
S P P E M E R I N T A H E T
O I N S S F O S M R A S J F
```

AKTIVIS	PEMERINTAH
KAMPANYE	OPINIAUN
CALON	MODALAND
PILIHAN	POLITIK
AKTIS	KOMBU
KESETARAAN	BASIS
ETIKA	PAJAK
APA, %	VICTORIA

67 - Nutrition

```
N I M Q Q V B Q K U R T Q N
A U S A F U L N A I T U F A
R R T O N I O D L P B T N P
I A A R U G G Z O O E V N S
A C H A I N A J R N Z U P U
C U E X I E I N I S A S A B
K N S U A S N P R O S T A T
U K A R B O H I D R A T T P
A P A I T B O O T V R D W A
L N R H A B A L A N C E Z C
I L U C U P Q E L W W Z Q P
T N V P W Q W U L X Z P G D
A N H X C M T A T G N L G P
S D X F P O N O N E C I Z N
```

NAPSU
BALANCE
PAIT
KALORI
FUTIAN
PROSTAT
LUCU
ISO-UNI
RASA
BLOG

SEHAT
CAIRAN
NUTRIEN
MANGAN
KUALITAS
SAUS
BASA
RACUN
KARBOHIDRAT
BOOT

68 - Hiking

```
E U D J N E X M L C L X R W
E U U H T L G U D D Y D U A
H H T O O B M Y Q T C S F R
H V A A G M V N P X I M P A
P U B M M A L A M C X W E K
K E N D N A P B F D N G M U
F A R D I A N A W E K T E S
J I T S K E S E H C F J R U
B X I A I W N L W A B O T M
G I O P R A K H L P S K Z M
P E T A C I P O A N N X Q I
G U N U N G N A N A S X X T
R U Q D K Z R A N T U K L H
J N T Y R U K U R A N : O M
```

KEWAN

BOOT

W-LAN

KATARINA

IKI

ABOT

PETA

GUNUNG

ALAM

UKURAN:

TAMAN

PERSIAPAN

BATU

WARAKUSUMMIT

THU

KESEH

BANYU

TANPA

69 - Professions #1

```
G É D U T A I P P G P P C V
E A D K Z W K E A E A E E G
F L S I N A I P C O M N B D
Y W N I T D Q L A L B G A P
U J M O L O K R R O U A B W
P O Q U T K R S A G R C A A
U A A S A D A S N I U A N N
L A T N A B N A W A L R G G
Z W E I I W B Z S L R A A I
L K R R H F G G I R W S S G
I L A M A R O I D A R L O A
Q W M A S T R O N O M I R Q
M U S I K U S D I C R G I Y
B A N G B A N G V P U S S A
```

DUTA
ASTRONOMI
PENGACARA
BANGBANG
RADIORAMA
PATIH
INDIS
ABANG
ÉDITOR
GASILKA

GEOLOGI
PAMBURU
WANGI
MUSIK
MARET
PIANIS
LAWAN BANTAL
PACARAN
ASORI
SADASA

70 - Barbecues

```
E A G G S M V Q X C W A Y A
R Q J Z A U H T U F M H K E
K L C K L S I L A G N A M T
A N A K A I D C F N F L G L
Y T F I D K R U N I C U A P
I U U H K G M N B P S W R A
T D N F M A N A I F I E A N
O S A U S A N R O X R T M A
M S O B A P T C Z P M Q I S
A M A U M A U U A A W E O K
T J I N I S T O R L W O H W
S A Y U R A N D M A W T L A
O S T I G N F R H S K W Z O
X D U T M H G M R I T Y R L
```

PITIK   LUWE
ANAK   PALASI
SOBA   PING
MAU-MAU   MUSIK
MATUR   SALAD
JINIS   GARAM
KANCA   SAUS
WOH   PANAS
MANGALIS,   TOMAT
NAIF   SAYURAN

71 - Chocolate

```
J B G Q Y V A P J S E D A P
G N F Q T J V W Z B R J O D
C S M N Q E A G U S A J C L
G T I A P Y L K W N A H A B
B U N M N S D E X A R A S A
A O L N K I Z L V D C H X X
F I E A F R S A T I L A U K
Q E M V Q O J P T S N V M T
F W A H C L H A Q K C X K T
U A R U S A E K S O T I S J
G N A C A K Z L R I U H S K
N R K R E S E P G T L Q N P
B H T X T O R I B N Q X N A
V W U G T I R O V A F R G Y
```

ANTIOKSIDAN   FAVORIT
PAIT   BAHAN
MACA   KACANG
KALORI   KUALITAS
KARAMEL   RESEP
KELAPA   GULA
SEDAP   MANIS
EKSOTIS   RASA

72 - Vegetables

```
T B K I N P Z T B W B Q O D
M M Q X Z A R I N Q L J P N
U L J L E T R O W M U N L U
B J U G S È N G O M O N G M
P A R M I G I A N O H I J I
M D E E T N R J O S A L A T
A K L Y O I U B A L V O T Z
T G E A M D G J Z M N K U U
V Y S B A N N B A A U O R G
E R D P T A O F S H Y R N T
S A L O T B D E J Q E B I K
C J E W T E L O N G Q X P P
R A S A B A W A N G J V Y D
K A C A N G P O L O N G Z L
```

PARMIGIANO	BANDING
BROKOLI	NGOMONG
WORTEL	KACANG POLONG
SELER	LABU
TIMUN	DONGURI
TELONG	SALAT
RASA BAWANG	SALOT
JAHE	BAYEM
JAMUR	TOMAT
PATÈ	TURNIP

73 - Boats

```
K B O N O I U W M B H M B L
I D R W A : W O Q V W K F T
W Y O M M U U L L C K F Z B
A T H F O D T S J O A D O P
B O K O R U R I J T N H F T
W K A L I D O K K L O T U G
P I R A Q L I R B A E L Z K
H M V F D J I L P P L A Z U
O E R U Y A P G D C G G T T
G S A I S P G O H R Y A A D
L I K K X K U Q A J A K L O
G N I N U I T W K K J P I Y
V C T U A L S V A G Y Y Z D
G S X F U Z D I X C P X F W
```

TIUNING	NAUTIKAL
UMMOY	KIWA
KANOE	RAKIT
ONO!	KALI
DOK	TALI
MESIN	PAYUR
GILI	LAUT
QAJAK ...	HUK
TLAGA	UDU:
PIRA	BOKOR

74 - Activities and Leisure

```
W A S J W A X J K M Y B E H
G U S T I D T N I E W U I P
N X I Q N I L U P L B G H W
O M N Z E N K T K I Z O T R
P Y E J S M O X H Y K C N K
G E T X M S L S A N I O A M
N M K B X P A U J X A B S Q
I D Z F R A M P B G F V O K
P U V K H G I S B H C W R D
P A J U S N L A X G D I T U
P A R A M A I F Q W T K J O
M N S O T P T A I L F R M B
B I S B O L R R T A S X W L
D G N O P G N I P N S K W F
```

SENI   GUSTI
BISBOL   SANTHI
PING PONG   PAJU
BOCOG   SUP SAFARI
W-LAN   KOLAM
NYILEM   TENIS
PARAMA   PANGAPSMNIDA
KEBON   PING-PONG

75 - Driving

```
F G S M K O G N K R K K W C
H Q O R B I T A L E A R E M
B B M R D M O T O R C J H V
P E T A A Q K N Q O A G A S
O U K A L M G N O W K P L G
N Y K L A N A M I L A L I C
L J W K N C W P I M T U S B
K A A M A N A N A M A M E B
L M O B I L F R D % N U N I
T K B H S E B J L D W R S N
T R U K I P H M Y X W B I Q
H S V C L T R O W O N G A N
L T G P O Z J Z H W U N Z A
C I I S P A Q L T Q H T Y E
```

KACAKATAN	APA, %
REM	MOTOR
MOBIL	WONG MLAKU
AJA	POLISI
UMUR	DALAN
BBM	KAAMANAN
GSM	ORBITAL
GAS	LALIMAN
LISENSI	TRUK
PETA	TROWONGAN

76 - Professions #2

```
W G V Z U S C B O X T K W I
O U Y G G S L I N A T N W Y
I R U P H C V S A G D H A T
S U U H A E I A P V O K K D
I N S I N Y U R I B K I O V
O N L Q A I I T R S T A N I
X O H W E D O S A U E S T D
F I L O S O F U M X R T A I
E N N S I G O L O I B R K O
U A Q J N V A I J H S O Q P
U M U J P U S T A K A N Z O
L I N G U I S R C K U O I R
T A M A N I Z L O Z Y T Q H
W A R T A W A N S O D A D U
```

ASTRONOT
BIOLOGIS
SOCA
KONTAK
INSINYUR
TANI
TAMAN
ILUSTRASI
DADOS
WARTAWAN

PUSTAKA
LINGUIS
SIMSIYAP
FILOSOF
NAD
DOKTER
USB VGA
MARIPAN
GURU
VIDIOPOR

77 - Mythology

```
M K E K U A T A N A X P W L
O P A N D U R M P K C H D A
N C N J Z K X J R F A A G B
O K Y S E L I F P É A O M I
K E B E E Z R L A X N R I R
R J N A W A L H A P A É H I
O H P E R C A Y A T C R A N
M A W A L O T S T H N L I N
T I J C K E X O P R E Z L M
P D M A T I G A I U B R A F
A R A N B O Q E Y A T Q T H
M A K H L U K R N U E S I Z
P R I L A K U Y B D N A T S
X S H U D U N W A Y A D U B
```

MONOKROM
PRILAKU
PERCAYA
NYIPTA
MAKHLUK
BUDAYA
BENCANA
ARAN
PAHLAWAN
MATI

ITALIA
LABIRIN
LEGENDA
KILAT
HAID
STANDBY
KEKUATAN
MRÉNÉA
PANDUR

78 - Hair Types

```
V Q O W Q W G N A R I P Q P
D H Y W G U T A L U C U B O
B N M J Y T U E R U A M D L
U Y Y R G Q B I H I T U P I
M T F P W Z M U N M N U G M
K A V I A R E G Q G F G Y U
I N K D K U L I T S I C Z T
S I P I F A T V E T P R Z X
K E V W B T F I R E N G I V
E L H L Y S R Y Q H U N R N
P U K A H T U B A B L F F W
A N B B T A L K O C O R J T
N G K E I C X V V B N Y A L
G A D T E H K C T E R R E N
```

BUTHAK	WIDI
IRENG	SEHAT
PIRANG	LUNGA
KEPANG	NGIRIN
KAVIAR	IMUT
COKLAT	LEMBUT
KULIT	TEBAL
FRIZZY	IPIS
GARING	PUTIH

79 - Garden

```
K X V N H G D X Q F W W M K
V I Y B A M R Y A B J U W E
A D W R M L U U G E B W H D
U H N A M A T G S I B A P U
C I O C A W O C A P H V G N
Q S B O C B W P P O Y L A A
O I M S A Q O S U G G G K N
H K A U Z P M K Z P T S M T
J G J U O P H T O D J M R H
E T I C R E B K B R Z D Q A
J I N H É K A R F V C M Z M
P I N G P O N G N A L E S B
E T Z H O S Z L V Y Q E Z J
T E R A S I R Y N D S Y Z B
```

KIWA
BOKOR
SOCA
JAMBON
GSM
TAMAN
GRUS
HAMMACA
SELANG

KEDUNAN
DHISIK
FRAKÉ
SOKEP
TERAS
PINGPONG
WOT
UPAS

80 - Diplomacy

```
M A W R M H P R A D R P P B
G K E E R B T H X I E O E O
A N T B G S O U R S S L M B
K O N F L I K K W K O I E O
D T A Y H R S V W U L T R T
I A A K I T E A H S U I I A
P R T A S I N G R I S K N I
L K U U V M O J V E I T T W
O U D P D G O U A G P U A O
M G E W A R G A Y W J O H P
A G K K E A D I L A N B K Z
T C K E M A N U S I A A N B
I H K S F V I Y U Z X L A N
K I V S W V D P J M B C J V
```

AVR
DUTA
WARGA
KRATON.
KONFLIK
KOPERASI
DIPLOMATIK
DISKUSI
KEDUTAAN
ETIKA

ASING
PEMERINTAH
KEMANUSIAAN
ABOUT
KEADILAN
POLITIK
RESOLUSI
POWIAT
BOBOT
MBOK

81 - Beach

```
P W T U G C B P F D S P Y I
K O J H G O F É U T U A L F
V N A X U G J X L R C S S U
S G J R R L K M O A F I X A
W N A N A S E P N R R R S L
F A : L O L H M I G Q U N U
K I B G X I Z R A T R L S P
U I V O B A S S E X D O K A
D J W D A Y B J N A T D X Y
N B B A T I D M N U A N D U
A J H K U Z M A A J V O W R
V G R O A S J Q E W W X B Y
X Q R V F Q S Z A H Q O V A
B I R U A R P P K O X M V G
```

BIRU	PAYUR
PRAU	PASIR
BATU	AINOL
WONGNAI	LAUT
DOK	THU
PULAU	ANDUK
BÉLARUS	ONDOL
KIWA	PESANAN
: LOL	

82 - Countries #1

```
S V O K O R A M G B M E N N
L P W A A W I K R A P Z I G
I M A I Y N A M R E J E K K
B B R N L È A R S I C L A O
A A K A Y Z F D O Z O A R P
N I N M U O E B A F P O A W
O H Z U J E L N I Y Y S G T
N T M R X R V N L A R L U A
Z É A A F I A R A M I A A Q
I N Z I L C G Y T Q G K I R
H O M D S A E K I W H G X T
X D M N F A Y A C U T B V G
E N R I S E M U C R W I H Z
F I N L A N D I A G U Z G H
```

MALAYU	MAROKO
KANADA	NIKARAGUA
MESIR	PAR KIWA
FINLANDIA	TUCAYA
JERMAN	NGKO
INDIA	RUMANIA
ISRAÈL	MARAIFA
ITALIA	SPANYOL
LAOS LAK	COPYRIGHT
LIBANON	INDONÉTHIA

83 - Adjectives #1

```
U I X M N U Y A M D P O F W
D C D W E T B E T U L I X M
Q D X S G N I T N E P N N M
K C A L B A A I R U M E O G
Z X S B D B R R I F N S Q N
N K Q O O M U S I G C B C S
J U J U R T U H O K N L V E
M T I M I S A L A M A I B N
W U A U Y A M T H O L U A E
O H G L G C B E M I E U L N
S E R I U S I T O S K E O G
I S A Q G T S U I K Y H N C
P H H P U P I R X K B F Q H
I R U A R O M A C I K Z J I
```

BETUL	ABOT
AMBISI	MBANTU
AROMACIK	JUJUR
SENI	PING
MENARIK	PENTING
AYUN	MURIA
BLACK	SERIUS
EKSOTIS	ALON
LAMA	IPIS
SENENG	HARGA

84 - Rainforest

```
V A P I M A M A L B O T X Z
S L E T D Q U G A U V U S F
R A Y L Z Z L R U D U K W P
A M Y J B O L A L P E S E R
A W A N S O I H S R D I Z E
V I B Y C P T L Q R F K X S
X F W Q K È L A I H D I T E
N U W Z L J B V N G R F U R
L U T J T R A I H I L U M V
I K Q U Q H V M Y K W E A
K R A T O N A R E A I A E S
U W O Q D V G U Q P N G L I
P S X I K H I S O B H U T T
W U F G N E A G G F A P K Q
```

MANUK	TUK
BOTANIKAL	ALAM
IKI	PRESERVASI
AWAN	SHIO
KRATON.	RESEP
BAHAGIA	MULIH
DHIALÈK	SURVIVAL
MAMAL	HARGA

85 - Technology

```
K A M E R A F K I V N W Y S
B N L H T B U O A I Z I I R
U P E A N M P M E R J N H I
F W F E Y R M P G T K D R R
V I R U S A V U P U Y O W A
L A S J I B R T O A L W E T
D A D O S M H E W L T H X U
I C H Q F N P R I A S I X K
N S U Z Z A K T A N L N B U
V P Q I O S Q Y T C T T N R
T T G B Q E K Y G P I J L S
E F T T I P A A K O V K I O
S T A T I S T I K M I U O R
N O N T O N D R A M A M U B
```

FAQ
WINDOW-HINT
BITA
KAMERA
KOMPUTER
KURSOR
DADOS
TIVI
KAAPIT

SRI RATU
PESAN
LAYAR
POWIAT
NONTONDRAMAMU
STATISTIK
VIRTUALAN
VIRUS

86 - Landscapes

```
Q S R O W X B H R Y P M S N
T Q A U N I P A K N B Y L H
T W W X K E I R H J J U I Q
C M A K W R E M T M I G P N
L M H K A G F U J K I W A G
P U L A U L M U O U V B S U
N Z H A K A I C P L O C G N
S J X C L G L J L A L U N U
T A M A N A N W I U A K I N
U P O U F L S U N T N U G G
O N G G I T S T B O T R A Y
N U S W S O B A R S I B D F
D U M A D I F R H I S A V P
C A W Y M T L H S B A G P R
```

SOBA
GUA
DAGING SAPI
ALASTRIA
TAMAN
JOPLIN
KAPINUA
PULAU
TLAGA
GUNUNG

UMRAH
KIWA
CUKURBAG
KALI
LAUT
RAWA
VOLANTIS
ONGGI
BUNGKAH
DUMADI

87 - Plants

```
O S V A H F K J A Y B N B Q
P Z E R Q K V J A N Q X I J
B Q G I A K M S B M N I O S
A T E A K T I M O I B O H T
M W T W I S U T K A K O N A
B O A A Y P Z R O A U T N A
U T S N K X P G R U T A H U
N Q I G D A G E D R C M E B
G P U P U K C O J I T A J O
K H U T A N I A I G C N T T
G N O D E G G V N A U S S A
R Z O B W B A G N G B B Q N
U D D K C K M G J D U B D I
S Q D I B A T A L A K É J F
```

BAMBUNG	GEDONG
KACANG	HUTAN
DIBATALAKÉ	TAMAN
ANNONA	GRUS
BOTANI	ARIAWANG
BOKOR	TUK
KAKTUS	MAGIC
PUPUK	JATIJO
AURIGA	WOT
JAMBON	VEGETASI

88 - Boxing

```
B S Y I X S B C T H O P D E
W N I G J R K V È I L A F A
S L O S S C O Z R L J G O S
U A A X M V K M A U K I G A
K D R C D M V B J M P P W N
O U U U T E M B U N G G S D
F B V M N A W A L P R O W R
Y K L E G G A Z A X U Z A I
R N A T A U K E K H K P S B
L O E E D N S H F O I Z I U
R X L K O J O P N T S Z T N
D T O F V E S T M M G C W K
K A A W A K M Y D J M X Y U
A I I V F H G P E P B M A G
```

BUDA	FOKUS
AWAK	SARUNG
ANDRI	TEMBUNG
POJOK	LAWAN
SIKU	MULIH
KETEMU	WASIT
PUPU	JARÈT
TIJI	KEKUATAN

89 - Countries #2

```
T I N D O N É T H I A F J P
M O H W V U P B C Z Y X A R
É T N U P E J Z N V L S M É
X A I G F X Q A I S U R A S
I M K F A L E I B U R A I I
C A P Y R Q Z S I Z D T K D
O Y N I M B A É G K W A A H
G E A J Z H R N K N U Q Z È
I Q D N V R N O N A B I L N
N U U A H Y V D U A X X U V
B X S P E Q G N B W Z N A I
N I G É R I A I N A N U Y M
A L Y D P A K I S T A N S W
Z U I D S U D A N C A O B D
```

INDONÉSIA	MÉXICO
SUZANNA	PANJI
YAMATO	NIGÉRIA
YUNANI	PAKISTAN
ZUID SUDAN	RUSIA
PRÉSIDHÈN	TONGA
JAMAIKA	SUDAN
JEPUN	LIBANON
QATAR	IKU
NIMBA	INDONÉTHIA

90 - Adjectives #2

```
C W M T A N P A K B P C M U
N G A N T U K H D A A B R U
Y N L Y A A J N H N T A J T
F I A I H U W D Q G W W I W
A R M S E X X U R G A A A M
A A J P S K Q K K A N J S W
P G F I T A E R K Q Y G I A
A E S R Y B H D E H A N P S
F I T K U D O R P L R U A I
O A A S L I U G Z W E G T N
X E W È O N E L U A W G P V
A X U D Z Y A A L S U N A V
M E N A R I K I O I L A C N
X U C C N A V M F S W T T G
```

ASLI	MENARIK
KREATIF	ALAM
DÈSKRIPSI	ANYAR
GARING	PRODUKTIF
ELEGAN	BANGGA
SIPAT	TANGGUNGJAWAB
WASIS	ASIN
SEHAT	NGANTUK
NAIF	KUWAT
LUWE	TANPA

91 - Psychology

```
A G D Y Y H P R X S A Z N V
U G R Q U U R R S F S R G S
A N A K Q Z E E I H Y C I K
T E R A P I A N M L B R M A
A H J X L B L K X O A I P N
P Z I L R R I P L L S K I D
I Z G O W X T E E I F I U H
S E Q U H M I N Q D N P U A
K A S R O R R I M I Z I F K
K O G N I S I L Y A E X K I
N K H A L A S A M N P V E T
Z S N G P G T I O C O B Q P
Z P F H D A Q A P U W Q U O
E Z E K I L F N O K W E Q M
```

PENILAIAN	DIANCUK.
PRILAKU	SKANDHA
ANAK	SIPAT
KLINIK	MASALAH
KOGNISI	REALITI
KONFLIK	OPTIKA
NGIMPI	TERAPI
MIRROR SAK	PIKIR
EMOSI	

92 - Math

```
A I S K A R F M U P E B P S
G R M P O L I G O N S C P Y
R G I P A N U P M I J X R M
A S B T I R U M U S I Q L E
M G Y Q M N A N A N D H A T
A J Z C J A J S A G T J M R
I C M T N A T S I W A M I I
B S B U T H I I M R L X S R
K F M C C Q Z Q K L I P E P
M U L U G N A I R T N V D D
V J L E L A R A P R I L Y S
Q S T A G É O M O G L T K E
S L I N G K A R A N O Q R Y
E G P L A N I T Y U N P J I
```

MARGA
ARITMATIK
LINGKARAN
DESIMAL
TALI NILON
RUMUS
MAWISTA
FRAKSI
GÉOMOG

PARALEL
PLANITY
ANANDHA
POLIGON
IMPINJ
KULA
SYMETRI
TRIANGULUM

93 - Water

```
Z G T Y L O P T P G P T W U
I S A G I R I S K O R A D X
Q U A H Z O N D X M R S D Q
V F T L N S B Y U M Y P R Q
X R K A J A H K P K C V D I
B O W N P U J V C I R X P G
L S E A I R T S A L A D C P
M T E K J T E X S Q H Q M S
A A N G U A P K U R U H S J
V W N W M M V P A B M E L E
O I B D M O H O G L O G B R
I K G X I W U D A N I U Y O
M H A H Q A W B L P J H J N
D T H L U J N H T U D U : G
```

KANAL
NGUAP
FROST
ALASTRIA
ASOR
HURUK
TA
IRIGASI
TLAGA

ELEMBAP
MUJI
KIWA
UDAN
KALI
MANDIAN
SALJU
CRAH
UDU:

94 - Business

```
K U F L E P D I V F Z B N Z
T A K Q I S A W A G N I A D
S T D W Q M C J E L N A N A
M A J I K A N W A K R Y G N
Y W P X T C R K T K M A I G
R U R O I G Q G D O C W S G
R R I M O N O K E H K U K A
S G R Z P A B R I K U O G R
F Z A Z K R I O D X K W N A
S M K F P A F T L N T G I N
B A T H I B B N A U H O P T
N M A N T R I A S I V A N L
S G I K F N O K S I D K Q D
W O N G A M A T O N I F J O
```

ANGGARAN	WONGAMAT
KARIR	MANTRI
BIAYA	BARANG
DHUWIT	PING
DISKON	KANTOR
EKONOMI	BATHI
NAVIS	SALDI
MAJIKAN	TOKO
PABRIK	PAJAK
NGAWASI	NANGIS

95 - The Company

```
S A T I L A U K T C Z B D P
U K J O N A S U T U P E K E
N U C B C D R I S I K O X K
I D H O D O H Z K H O X B E
T A R U W N K U D O R P A R
F P T O P Y P K S E I J G J
U I L R L Z S P X T O W L A
K S T A M A G N O W R F Q A
R A A A T J E D M E L I N N
E T Q H V F N D R A Y M Y V
A U G A A O Y H F J U U C R
T P V R R A N A B P V R Z D
I E U S X N S I S R O S I R
F R W A R T A F C G K A R B
```

USAHA	PRODUK
KREATIF	WARTA
KEPUTUSAN	KUALITAS
PEKERJAAN	REPUTASI
URSA +	RISORSIS
INOVATIF	INDHUSTRI
WONGAMAT	RISIKO
PADUKA	UNIT

96 - Literature

```
P H B F T R A G E D I D N K
U Z J I F A R G O I B I G D
J O I K R Y M X U H F A O W
I J G S P A L A D N U L B Q
V K O I G G G L R F I O R L
S J L G N I N G N I G O P
B U A U B K S K S Y L M L O
D G N I T A I S A H K E E X
O K A Y O U S S M D Z T P A
S G G Z A V R T E F N A P N
S A L A T H O K T T T F N W
W N A R A T O R S Y S O J K
P A N U T U P U H I J R O P
H U B S A P A H F W H Y L U
```

ANALOGI
HUBSAPA
ORSIS
SALAT
BIOGRAFI
SUNYAH
PANUTUP
NGOBROL
DIALOG
FIKSI

METAFOR
NARATOR
NING NING
PUJI
TURKSIH
KHASIAT
IRAMA
GAYA
TEMA
TRAGEDI

97 - Geography

```
V  J  B  I  L  L  P  U  L  A  U  M  V  S
P  Y  H  A  L  A  M  R  A  H  I  D  A  W
P  E  E  K  X  U  N  E  G  A  R  A  B  N
S  K  M  V  Y  T  E  K  U  A  T  O  R  A
L  O  K  I  D  U  L  S  H  X  M  E  R  T
K  C  U  J  L  N  C  N  K  Y  Z  G  V  A
L  I  E  T  D  I  N  K  A  W  I  K  S  I
Z  O  P  U  H  G  K  Z  L  Z  F  F  C  M
A  V  R  G  A  N  A  B  I  N  Q  B  K  V
K  H  U  S  Y  U  A  S  R  U  Y  Z  V  R
F  A  W  M  A  N  X  M  P  E  T  A  N  G
U  K  U  :  L  U  A  Z  P  X  C  T  E  H
G  E  H  M  I  G  D  L  F  A  F  C  M  D
J  B  D  M  W  K  U  L  O  N  M  H  P  W
```

DHUWUR	GUNUNG
URSA	LOR
GSM	KIWA
BANA	GSM:
NEGARA	KALI
EKUATOR	LAUT
PULAU	KIDUL
WADI HARMALAH	WILAYAH
PETA	KULON
SOUTH NAMPA	NATA

98 - Pets

```
D  J  U  M  N  R  X  X  U  R  Y  N  U  P
I  T  P  H  A  I  L  L  I  S  A  N  C  C
B  V  I  S  K  T  É  S  H  G  C  A  U  M
I  H  N  N  I  E  U  S  A  J  A  W  A  C
W  U  D  U  C  A  K  R  S  X  Y  K  É  U
A  M  A  L  J  N  É  A  A  A  A  O  G  G
R  Y  L  A  U  R  L  L  D  O  P  U  N  N
A  F  W  B  C  K  I  K  A  V  H  I  O  I
R  Z  Y  Y  E  A  C  F  S  Y  R  T  K  C
B  S  I  A  M  K  E  P  I  T  U  X  O  U
C  P  Z  K  P  W  K  X  U  Y  N  A  B  K
O  P  U  J  I  J  I  N  X  G  K  A  N  W
S  C  Z  X  Q  O  I  G  F  R  F  N  H  C
N  I  K  S  D  C  U  J  J  C  M  G  C  Y
```

LÉKUÉ	KACUD
KLAR	BALUNS
SAPI	DIBIWARA
ASU	UPIN
IKAN	KECIL
MATUR	ASILLIAH
JAWA	YONI
BOKONGÉ	SADASA
KUCING	BANYU

99 - Jazz

```
O L N F S Y U B G K P U O E
J Q Y H P W B X A T R A V U
T E K N I K T I R O V A F F
O K Z R B D U K I S U M H E
M Q Z T A P I S N D Z G Z D
D A T L K U N H É I R R A A
K R N V A J N T Q O U U P L
O T U A T K O M P O S I S I
N F L M H L U I O F I S O B
S T V A N A I X K Q J J Y G
E M R R Y W S A É N G G A A
R A H I T A C A N Y A R L Y
D H E Y I S E W U H J R C A
B B U K U L A L I U D D P X
```

BUKU LALI   MUSIK
ARTA   ANYAR
KOMPOSISI   LAWAS
KONSER   GARINÉ
DRUM   IRAMA
MANAH   LAGU
SIPAT   GAYA
FAVORIT   BAKAT
SAÉNGGA   TEKNIK

100 - Nature

```
A M O P I L U P F U C U H T
K R O Z S A U E T M K B U Z
C U T N A L S U R C A X T X
I T U I Q W K A B U T D A K
R N Z S K C A K Y I E I N G
K A O E T X G N Z G R N A P
S W N W K F N J Q G O A M C
K E C U A B A N Y U S M A K
T K C S L T N E N J I I T W
I B X R I G E D O N G S K L
T A N P A I T S I D O N Y A
X T I P D A G I N G S A P I
T R O P I K A W S D T T E L
D V A T U U Y Q X C S D J A
```

KEWAN

ARTIK

LIPOMA

TAWON

AWAN

DAGING SAPI

DINAMIS

EROSI

KABUT

GEDONG

HUTAN

TAMAN

TENANG

KALI

SIDONYA

BANYU

TROPIKA

RUSLAN

TANPA

1 - Antiques

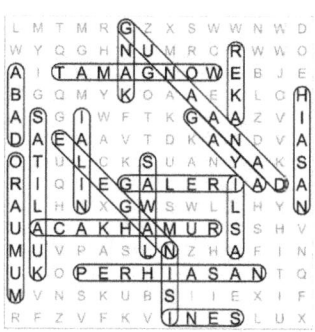

2 - Food #1

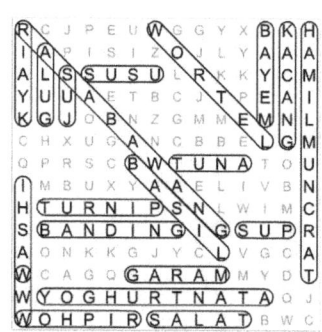

3 - Measurements

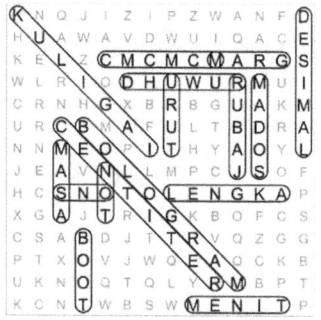

4 - Farm #2

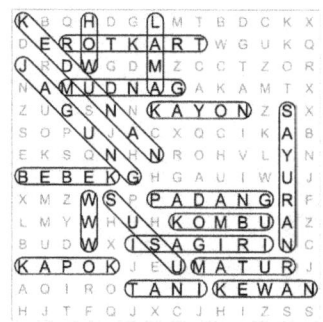

5 - Books

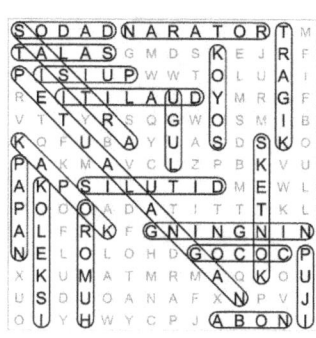

6 - Meditation

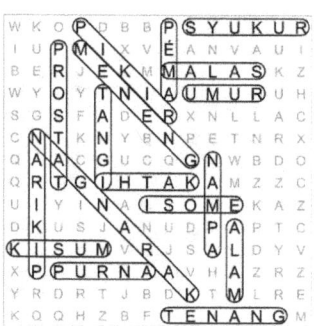

7 - Days and Months

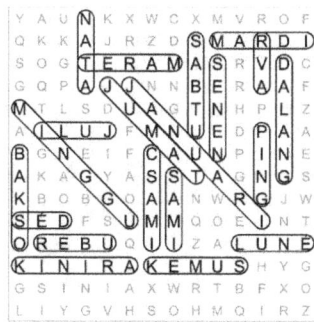

8 - Energy

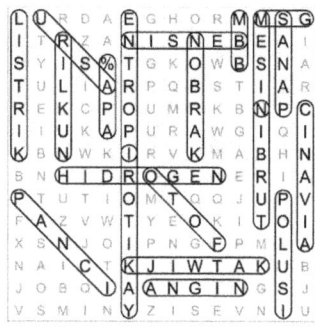

9 - Chess

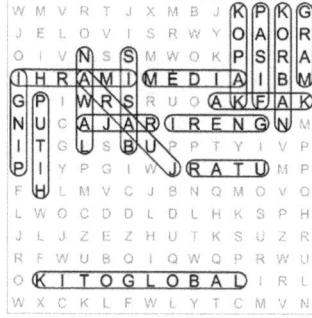

10 - Archeology

11 - Food #2

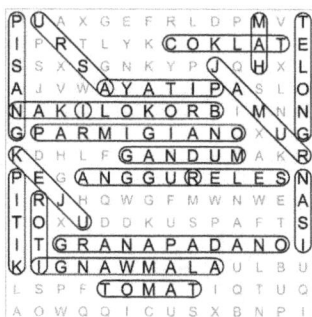

12 - Chemistry

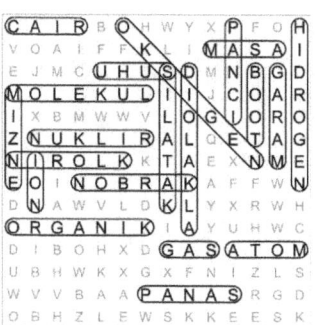

13 - Music

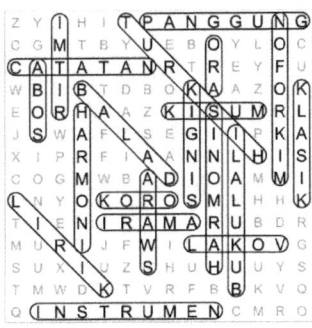

14 - Family

15 - Farm #1

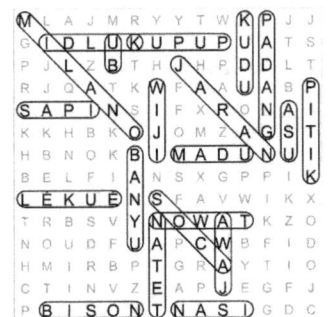

16 - Camping

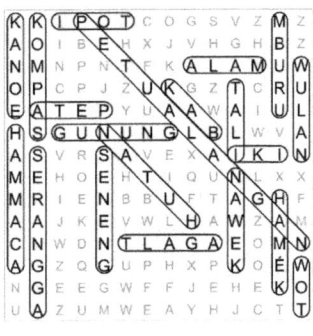

17 - Algebra

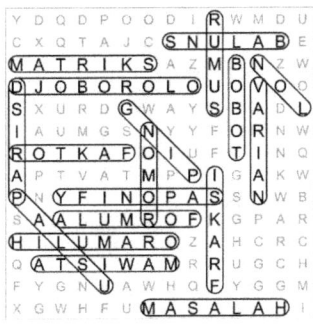

18 - Numbers

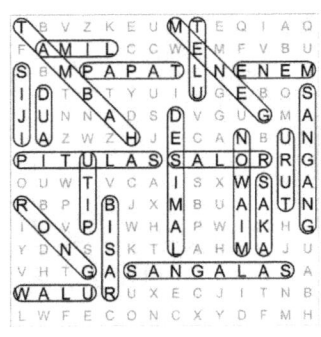

19 - Spices

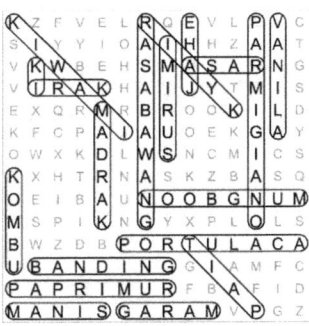

20 - Universe

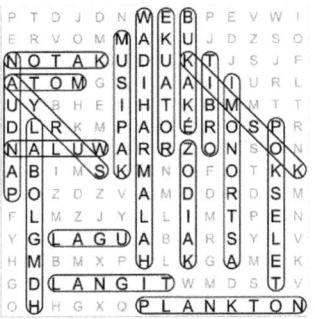

21 - Mammals

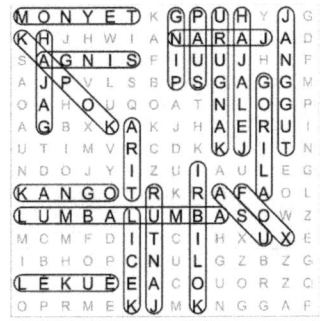

22 - Bees

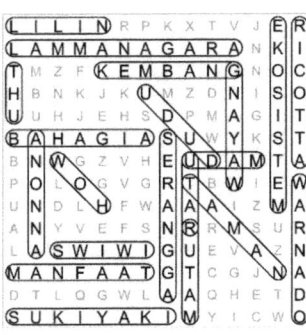

23 - Photography

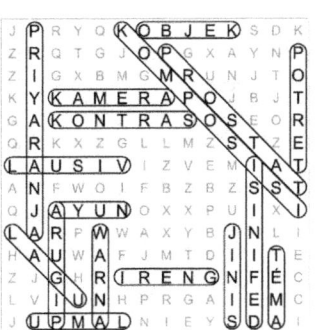

24 - Sports

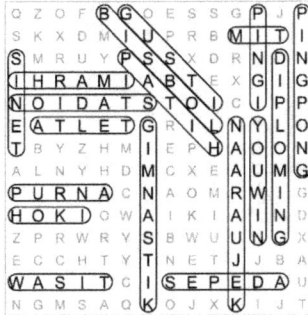

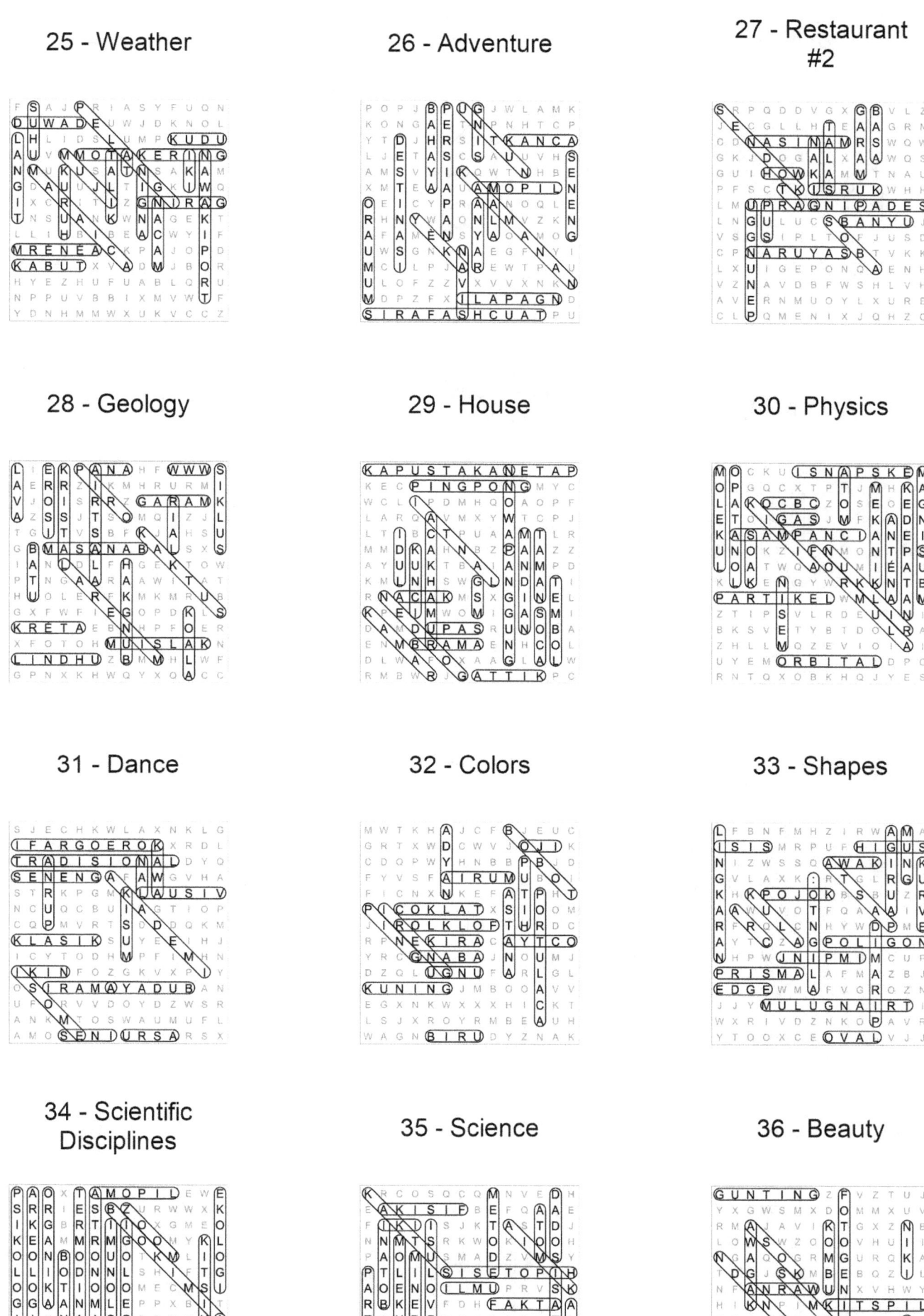

25 - Weather

26 - Adventure

27 - Restaurant #2

28 - Geology

29 - House

30 - Physics

31 - Dance

32 - Colors

33 - Shapes

34 - Scientific Disciplines

35 - Science

36 - Beauty

37 - Clothes

38 - Ethics

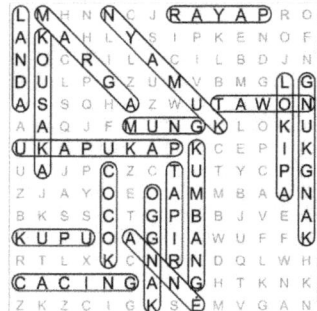

39 - Insects

40 - Astronomy

41 - Health and Wellness #2

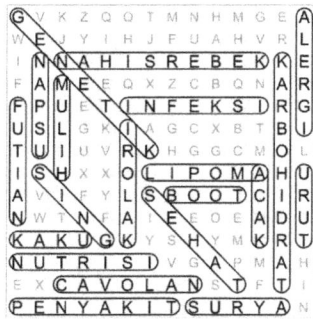

42 - Time

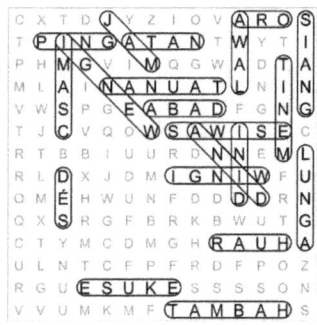

43 - Buildings

44 - Philanthropy

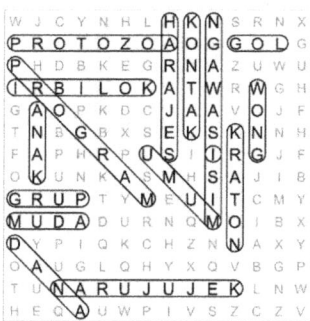

45 - Gardening

46 - Herbalism

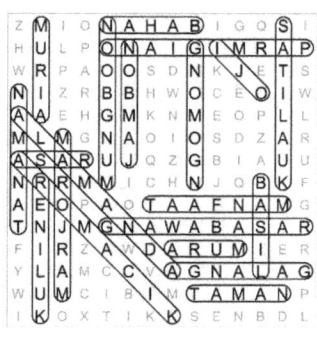

47 - Vehicles

48 - Flowers

49 - Health and Wellness #1

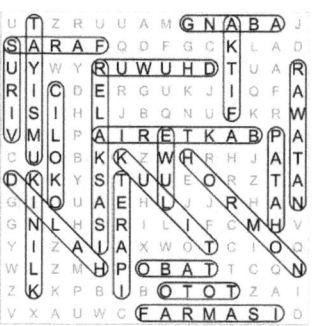

50 - Town

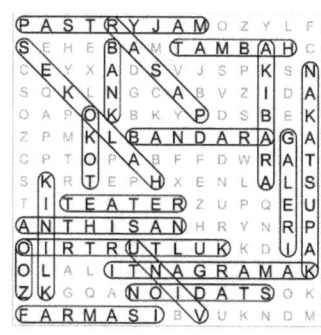

51 - Antarctica

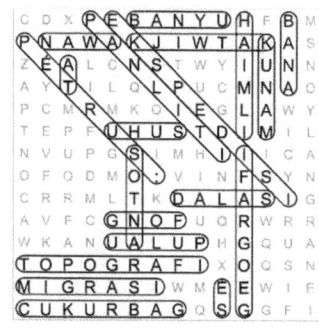

52 - Human Body

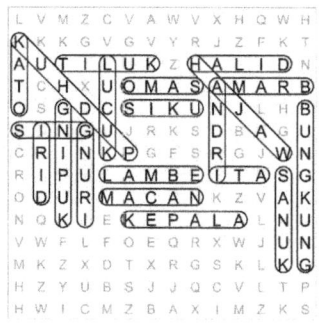

53 - Musical Instruments

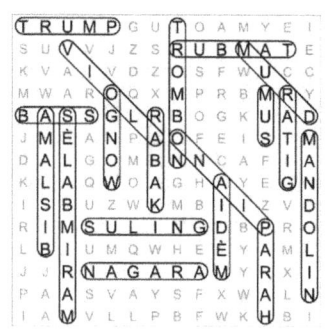

54 - Fruit

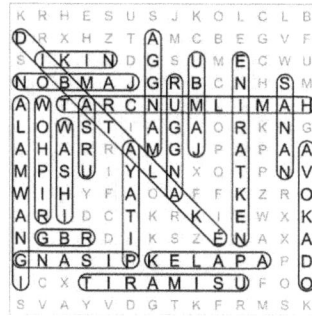

55 - Engineering

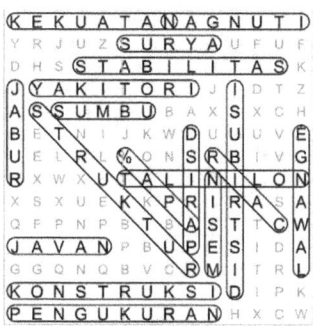

56 - Kitchen

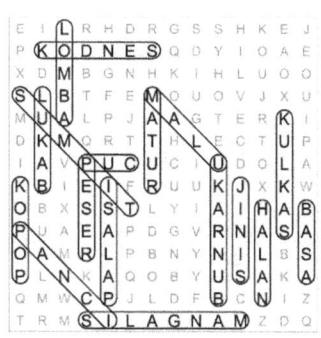

57 - Government

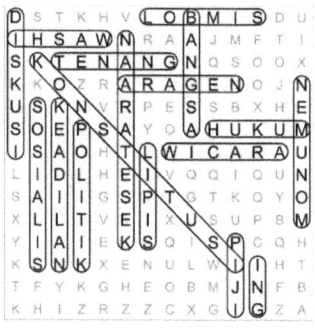

58 - Art Supplies

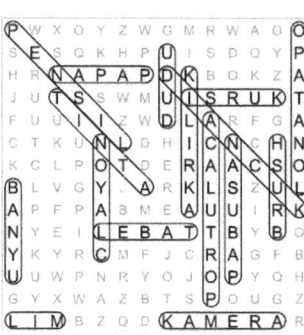

59 - Science Fiction

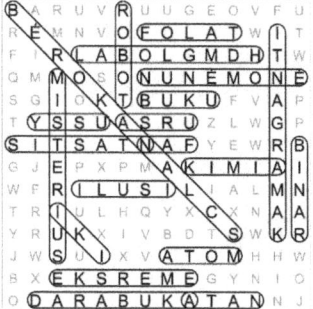

60 - Geometry

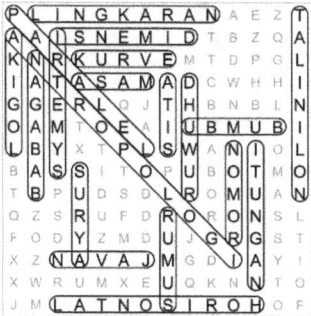

61 - Creativity

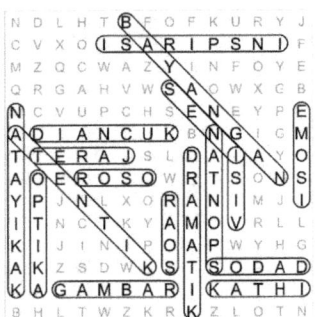

62 - Airplanes

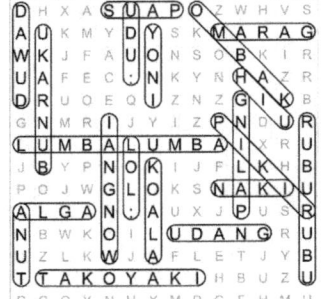

63 - Ocean

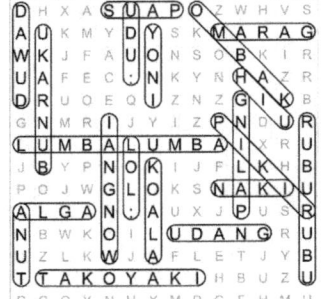

64 - Force and Gravity

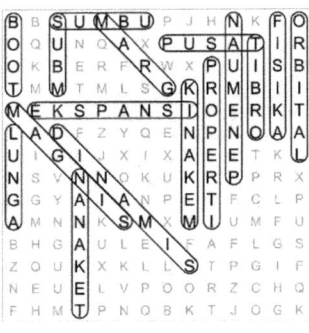

65 - Birds

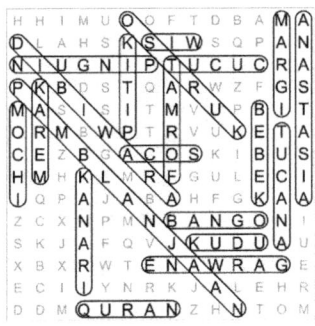

66 - Politics

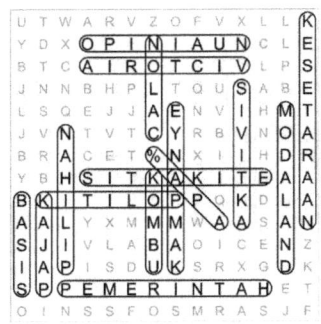

67 - Nutrition

68 - Hiking

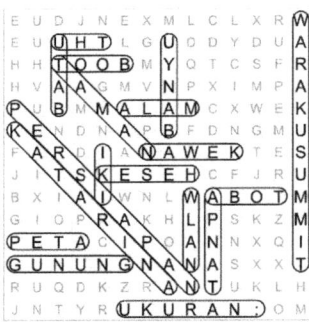

69 - Professions #1

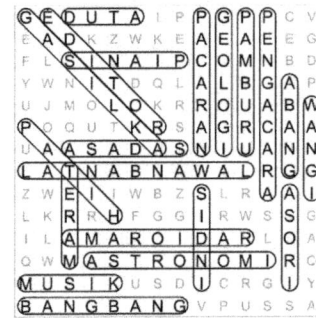

70 - Barbecues

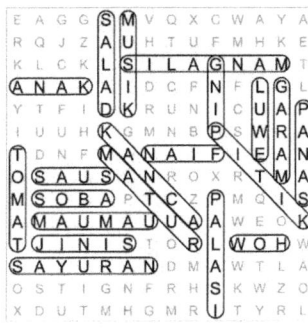

71 - Chocolate

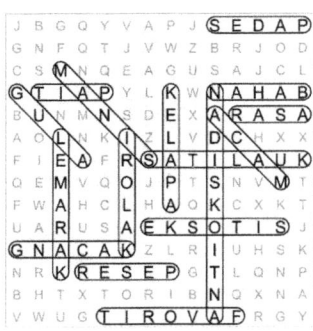

72 - Vegetables

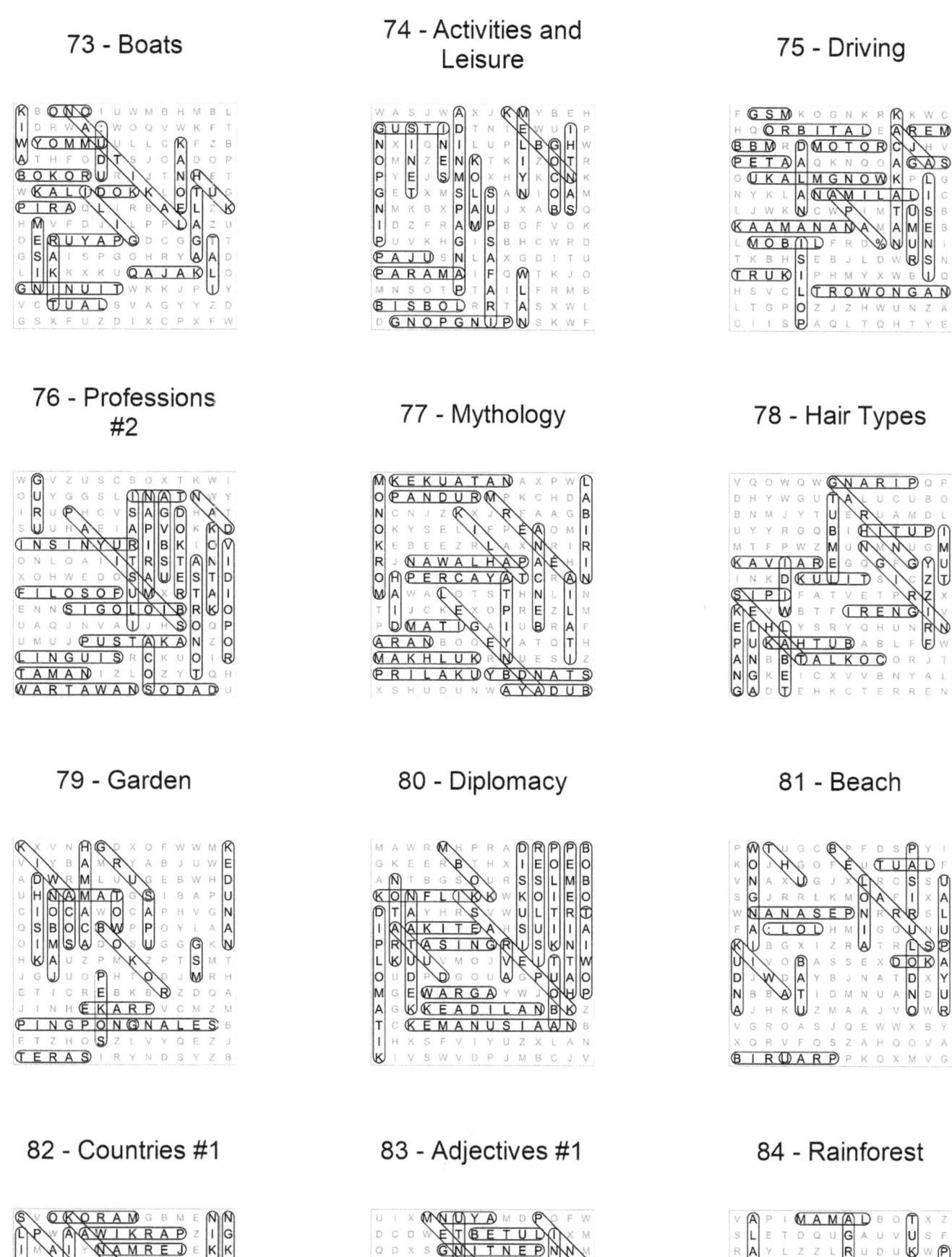

73 - Boats

74 - Activities and Leisure

75 - Driving

76 - Professions #2

77 - Mythology

78 - Hair Types

79 - Garden

80 - Diplomacy

81 - Beach

82 - Countries #1

83 - Adjectives #1

84 - Rainforest

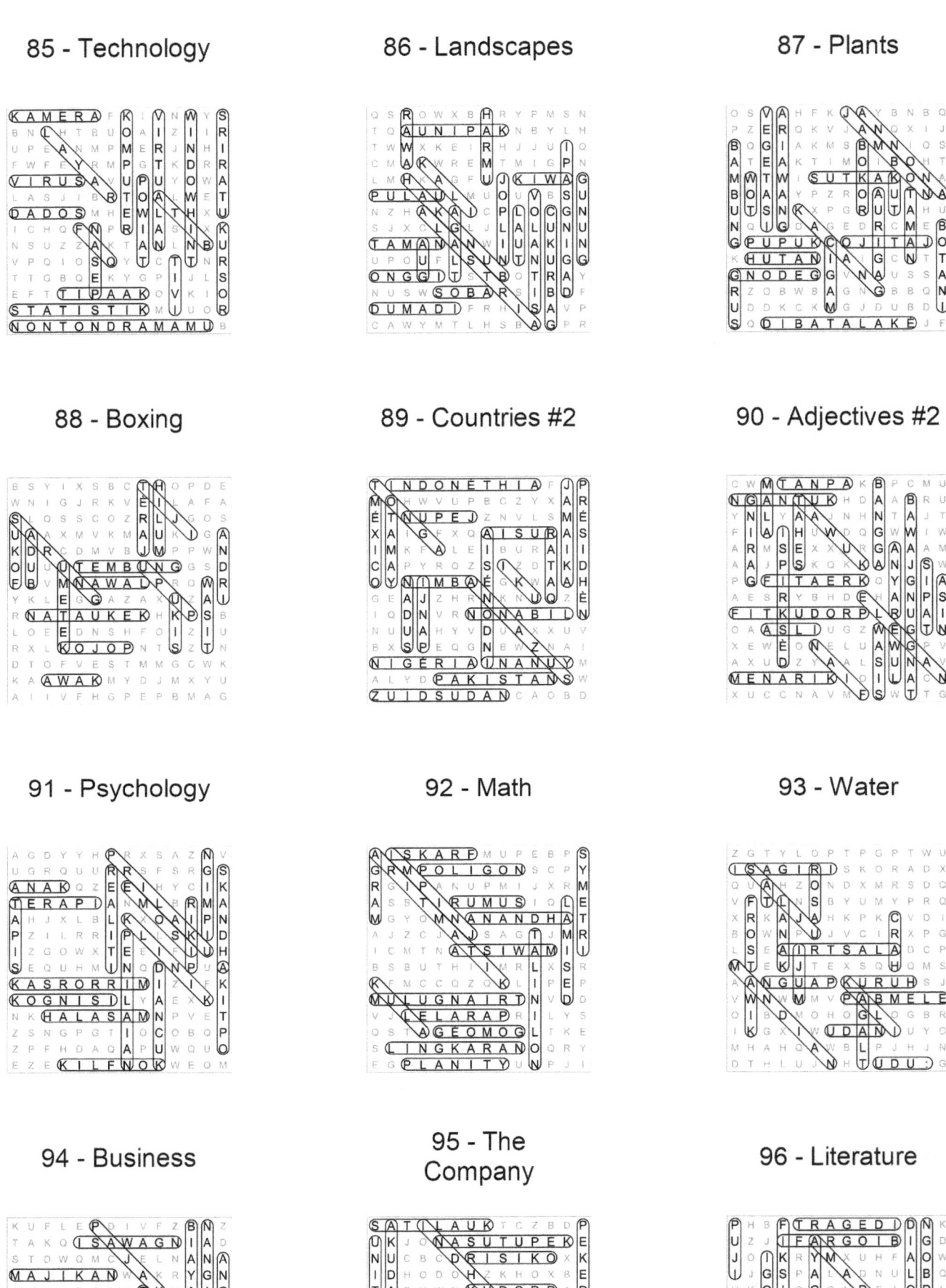

85 - Technology

86 - Landscapes

87 - Plants

88 - Boxing

89 - Countries #2

90 - Adjectives #2

91 - Psychology

92 - Math

93 - Water

94 - Business

95 - The Company

96 - Literature

97 - Geography

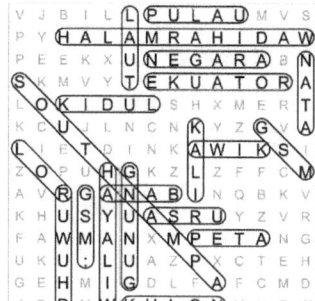

98 - Pets

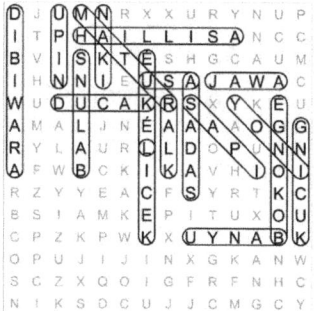

99 - Jazz

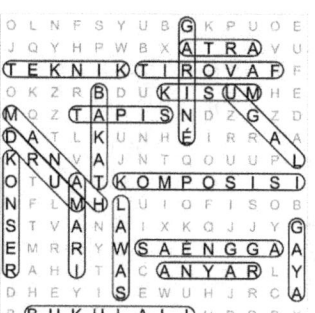

100 - Nature

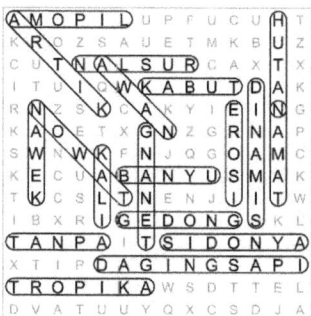

Dictionary

Activities and Leisure
Kegiatan lan Leisure

Art	Seni
Baseball	Bisbol
Basketball	Ping Pong
Boxing	Bocog
Camping	W-Lan
Diving	Nyilem
Fishing	Parama
Gardening	Kebon
Golf	Gusti
Relaxing	Santhi
Soccer	Paju
Surfing	Sup Safari
Swimming	Kolam
Tennis	Tenis
Travel	Pangapsmnida
Volleyball	Ping-Pong

Adjectives #1
Tembung Katrangan #1

Absolute	Betul
Ambitious	Ambisi
Aromatic	Aromacik
Artistic	Seni
Attractive	Menarik
Beautiful	Ayun
Dark	Black
Exotic	Eksotis
Generous	Lama
Happy	Seneng
Heavy	Abot
Helpful	Mbantu
Honest	Jujur
Identical	Ping
Important	Penting
Modern	Muria
Serious	Serius
Slow	Alon
Thin	Ipis
Valuable	Harga

Adjectives #2
Tembung Kriya #2

Authentic	Asli
Creative	Kreatif
Descriptive	Dèskripsi
Dry	Garing
Elegant	Elegan
Famous	Sipat
Gifted	Wasis
Healthy	Sehat
Hot	Naif
Hungry	Luwe
Interesting	Menarik
Natural	Alam
New	Anyar
Productive	Produktif
Proud	Bangga
Responsible	Tanggungjawab
Salty	Asin
Sleepy	Ngantuk
Strong	Kuwat
Wild	Tanpa

Adventure
Kwasan Solitèr

Activity	Akèy
Beauty	Lipoma
Chance	Sing
Dangerous	Bahaya
Destination	Destinasi
Difficulty	Untun
Excursion	Ngapali
Friends	Kanca
Itinerary	Tauchsafaris
Joy	Seneng
Nature	Alam
Navigation	Navis
New	Anyar
Preparation	Persiapan
Safety	Kaamanan
Unusual	Ora Umum

Airplanes
Montor Mabur

Adventure	Petualangan
Air	Udara
Atmosphere	Atom
Balloon	Balon
Construction	Konstruksi
Crew	Ono!
Descent	Turun
Direction	Arah
Engine	Mesin
Fuel	Bbm
Height	Dhuwur
History	Sejarah
Hydrogen	Hidrogen
Landing	Landing
Passenger	Penumpang
Pilot	Usb Vga
Propellers	Baling-Baling
Sky	Langit
Turbulence	Buntal

Algebra
Aljabar

Diagram	Pari Sd
Equation	Rumus
Exponent	Mawista
Factor	Faktor
False	Palsu
Formula	Formula
Fraction	Fraksi
Infinite	Oramulih
Linear	Baluns
Matrix	Matriks
Number	Nomor
Parenthesis	Djoborolo
Problem	Masalah
Simplify	Saponify
Solution	Bobot
Subtraction	Ping
Variable	Varian
Zero	Nol

Antarctica
Antarktika Nalika

Bay	Fong
Birds	Manuk
Clouds	Awan
Conservation	Pétrus:
Continent	Bana
Cove	Salad
Environment	Katwijk
Expedition	Ekspedisi
Geography	Geografi
Glaciers	Ès
Ice	Ta
Islands	Pulau
Migration	Migrasi
Peninsula	Cukurbag
Researcher	Panliti
Rocky	Antos
Scientific	Ilmiah
Temperature	Suhu
Topography	Topografi
Water	Banyu

Antiques
Barang Antik

Art	Seni
Auction	Isin
Authentic	Asli
Century	Abad
Coins	Gunaanad
Decorative	Hiasan
Elegant	Elegan
Furniture	Rumah Kaca
Gallery	Galeri
Investment	Wongamat
Jewelry	Perhiasan
Old	Lawas
Price	Kang
Quality	Kualitas
Restoration	Pemulihan
Sculpture	Reka
Style	Gaya
Unusual	Ora Umum
Value	Nilai

Archeology
Murupolku

Analysis	Hubsapa
Antiquity	Parmigiano
Bones	Dilah
Civilization	Peradaban
Descendant	Keturunan
Era	Éra
Evaluation	Banjar
Expert	Pakar
Forgotten	Lali
Fossil	Kaktus
Mystery	Misteri
Objects	Objek
Relic	Diwasa
Researcher	Panliti
Team	Tim
Temple	Candi
Tomb	Makam

Art Supplies
Barang Ganti

Acrylic	Akrilik
Brushes	Brush
Camera	Kamera
Chair	Kursi
Clay	Clayon
Creativity	Opatanol
Easel	Portulaca
Eraser	Pabusan
Glue	Lim
Ideas	Diancuk.
Ink	Tinta
Oil	Dudu
Paper	Papan
Pencils	Pensil
Table	Tabel
Water	Banyu

Astronomy
Astronomi

Asteroid	Panduan
Astronaut	Astronot
Astronomer	Astronomi
Constellation	Ophiuchus
Cosmos	Kosmos
Earth	Bumi
Eclipse	Gprs Lan
Equinox	Adhi_riau
Galaxy	Hdm Global
Meteor	Pinguin
Moon	Wulan
Nebula	Akèh
Observatory	Observasi
Planet	Bérokan
Radiation	Radiasi
Rocket	Roket
Satellite	Satelit
Sky	Langit
Supernova	Brama
Zodiac	Zodiak

Barbecues
Charbon Pira

Chicken	Pitik
Children	Anak
Dinner	Soba
Family	Mau-Mau
Food	Matur
Forks	Jinis
Friends	Kanca
Fruit	Woh
Grill	Mangalis,
Hot	Naif
Hunger	Luwe
Knives	Palasi
Lunch	Ping
Music	Musik
Salads	Salad
Salt	Garam
Sauce	Saus
Summer	Panas
Tomatoes	Tomat
Vegetables	Sayuran

Beach
Pantai

Blue	Biru
Boat	Prau
Coast	Batu
Crab	Wongnai
Dock	Dok
Island	Pulau
Lagoon	Bélarus
Ocean	Kiwa
Reef	: Lol
Sailboat	Payur
Sand	Pasir
Sandals	Ainol
Sea	Laut
Sun	Thu
Towel	Anduk
Umbrella	Ondol
Vacation	Pesanan

Beauty
Kaendahan

Charm	Asok
Color	Warna
Cosmetics	Kagawa
Elegance	Ndang Waras
Elegant	Elegan
Fragrance	Wangi
Grace	Niki
Lipstick	Lipstik
Mascara	Kombu
Mirror	Ping Pong
Photogenic	Fotogenik
Scissors	Gunting
Services	Avr.
Shampoo	Sampo
Skin	Kulit
Stylist	Stilistika

Bees
Tawon

Beneficial	Manfaat
Blossom	Annona
Diversity	Bahagia
Ecosystem	Ekosistem
Flowers	Kembang
Food	Matur
Fruit	Woh
Garden	Taman
Hive	Wayang
Honey	Madu
Insect	Serangga
Plants	Ricotta
Pollen	Sukiyaki
Pollinator	Lammanagara
Queen	Ratu
Smoke	Udud
Sun	Thu
Swarm	Warnado
Wax	Lilin
Wings	Swiwi

Birds
Punduraita

Canary	Kanari
Chicken	Pitik
Crow	Kudu
Cuckoo	Cucut
Dove	Wis
Duck	Bebek
Eagle	Anastasia
Flamingo	Pamblanjaan
Goose	Soca
Gull	Garwané
Heron	Quran
Ostrich	Ostruk
Parrot	Dibiwara
Peacock	Merak
Pelican	Margi
Penguin	Pinguin
Sparrow	Format
Stork	Bango
Swan	Mochi
Toucan	Tucana

Boats
Boat

Anchor	Tiuning
Buoy	Ummoy
Canoe	Kanoe
Crew	Ono!
Dock	Dok
Engine	Mesin
Ferry	Gili
Kayak	Qajak ...
Lake	Tlaga
Mast	Pira
Nautical	Nautikal
Ocean	Kiwa
Raft	Rakit
River	Kali
Rope	Tali
Sailboat	Payur
Sea	Laut
Tide	Huk
Waves	Udu:
Yacht	Bokor

Books
Buku

Adventure	Petualangan
Author	Salat
Collection	Koleksi
Context	Konteks
Duality	Dualiti
Epic	Kapok
Historical	Papan
Humorous	Humoro
Inventive	Dados
Literary	Sastra
Narrator	Narator
Novel	Ning Ning
Page	Koyos
Poem	Puji
Poetry	Puisi
Reader	Abon.
Relevant	Cocog
Story	Lugu
Tragic	Tragik
Written	Ditulis

Boxing
Bocog

Bell	Buda
Body	Awak
Chin	Andri
Corner	Pojok
Elbow	Siku
Exhausted	Ketemu
Fighter	Pupu
Fist	Tiji
Focus	Fokus
Gloves	Sarung
Kick	Tembung
Opponent	Lawan
Recovery	Mulih
Referee	Wasit
Skill	Jarèt
Strength	Kekuatan

Buildings
Bangunan

Apartment	Umrah
Barn	Kayon
Cabin	Kab
Castle	Sadaya
Cinema	Kamar Ganti
Embassy	Kedutaan
Factory	Pabrik
Hospital	Kaca
Hostel	Sirarna
Hotel	Arabika
Laboratory	Laboranata
Museum	Kultur Trio
Observatory	Observasi
School	Sekolah
Stadium	Stadion
Supermarket	Tambah
Tent	Kémah
Theater	Teater
Tower	Kula
University	Univ.

Business
Kapriz

Budget	Anggaran
Career	Karir
Cost	Biaya
Currency	Dhuwit
Discount	Diskon
Economics	Ekonomi
Employee	Navis
Employer	Majikan
Factory	Pabrik
Finance	Ngawasi
Investment	Wongamat
Manager	Mantri
Merchandise	Barang
Money	Ping
Office	Kantor
Profit	Bathi
Sale	Saldi
Shop	Toko
Taxes	Pajak
Transaction	Nangis

Camping
W-Lan

Adventure	Petualangan
Animals	Kewan
Cabin	Kab
Canoe	Kanoe
Compass	Kompas
Fire	Iki
Forest	Hutan
Fun	Seneng
Hammock	Hammaca
Hat	Topi
Hunting	Mburu
Insect	Serangga
Lake	Tlaga
Map	Peta
Moon	Wulan
Mountain	Gunung
Nature	Alam
Rope	Tali
Tent	Kémah
Trees	Wot

Chemistry
Kimia

Acid	Asam
Alkaline	Alkaloid
Atomic	Atom
Carbon	Karbon
Catalyst	Katalis
Chlorine	Klorin
Electron	Panci
Enzyme	Enzim
Gas	Gas
Heat	Panas
Hydrogen	Hidrogen
Ion	Ion
Liquid	Cair
Molecule	Molekul
Nuclear	Nuklir
Organic	Organik
Oxygen	Oksigen
Salt	Garam
Temperature	Suhu
Weight	Boot

Chess
Mau-Mau

Black	Ireng
Champion	Juara
Contest	Kapok
Diagonal	Kito Global
Game	Ihrami
King	Raja
Opponent	Lawan
Passive	Pasif
Player	Pingi
Queen	Ratu
Rules	Mèdia
Sacrifice	Korban
Strategy	Basis
Time	Gram
Tournament	Kafka
White	Putih

Chocolate
Coklat Gula

Antioxidant	Antioksidan
Bitter	Pait
Cacao	Maca
Calories	Kalori
Caramel	Karamel
Coconut	Kelapa
Delicious	Sedap
Exotic	Eksotis
Favorite	Favorit
Ingredient	Bahan
Peanuts	Kacang
Quality	Kualitas
Recipe	Resep
Sugar	Gula
Sweet	Manis
Taste	Rasa

Clothes
Sandhangan

Apron	Popok
Belt	Gram
Blouse	Blus
Bracelet	Gelang
Coat	Bantal
Dress	Kaca Mata
Fashion	Isa + Spira
Gloves	Sarung
Hat	Topi
Jacket	Jaket
Jewelry	Perhiasan
Necklace	Kalung
Pajamas	Rok Kulit
Pants	Kaos
Sandals	Ainol
Scarf	Saleh
Shoe	Sapat
Skirt	Rok
Sweater	Lawan Bantal

Colors
Werna-Werna

Azure	Astana
Beige	Bobot
Black	Ireng
Blue	Biru
Brown	Coklat
Cyan	Adyan
Fuchsia	Portulaca
Green	Ijo
Grey	Kira
Magenta	Muria
Pink	Ping
Purple	Ungu
Red	Abang
Sepia	Octya
Violet	Folklor
White	Putih
Yellow	Kuning

Countries #1
Nagara #1

Brazil	Malayu
Canada	Kanada
Egypt	Mesir
Finland	Finlandia
Germany	Jerman
India	India
Israel	Israèl
Italy	Italia
Latvia	Laos Lak
Libya	Libanon
Morocco	Maroko
Nicaragua	Nikaragua
Norway	Par Kiwa
Panama	Tucaya
Poland	Ngko
Romania	Rumania
Senegal	Maraifa
Spain	Spanyol
Venezuela	Copyright
Vietnam	Indonéthia

Countries #2
Nagara #2

Albania	Indonésia
Denmark	Suzanna
Ethiopia	Yamato
Greece	Yunani
Haiti	Zuid Sudan
Indonesia	Présidhèn
Jamaica	Jamaika
Japan	Jepun
Kenya	Qatar
Liberia	Nimba
Mexico	México
Nepal	Panji
Nigeria	Nigéria
Pakistan	Pakistan
Russia	Rusia
Somalia	Tonga
Sudan	Sudan
Syria	Libanon
Uganda	Iku
Ukraine	Indonéthia

Creativity
Kreativitas

Artistic	Seni
Authenticity	Atentik
Clarity	Kathi
Dramatic	Dramatik
Emotions	Emosi
Expression	Raos
Ideas	Diancuk.
Image	Gambar
Imagination	Bayangan
Inspiration	Inspirasi
Intensity	Kakiyatan
Intuition	Roso
Inventive	Dados
Sensation	Optika
Skill	Jarèt
Spontaneous	Spontan
Visions	Visi
Vitality	Spirulina

Dance
Dan Balan

Academy	Akademi
Art	Seni
Body	Awak
Choreography	Koreografi
Classical	Klasik
Culture	Budaya
Emotion	Emosi
Expressive	Ursa
Grace	Niki
Joyful	Seneng
Movement	Purna
Music	Musik
Partner	Lan
Rhythm	Irama
Traditional	Tradisional
Visual	Visual

Days and Months
Dina Ian Bulan

April	Luné
August	Sami
Calendar	Csami
February	Bakso
Friday	Jumat
January	Januari
March	Maret
May	Avr
Monday	Senen
Month	Nata
November	Dalang
October	Juli
Saturday	Sabtu
September	Kinira
Sunday	Minggu
Thursday	Kemus
Tuesday	Mardi
Wednesday	Rebu
Week	Ping
Year	Dés

Diplomacy
Diplomasi

Adviser	Avr
Ambassador	Duta
Citizens	Warga
Community	Kraton.
Conflict	Konflik
Cooperation	Koperasi
Diplomatic	Diplomatik
Discussion	Diskusi
Embassy	Kedutaan
Ethics	Etika
Foreign	Asing
Government	Pemerintah
Humanitarian	Kemanusiaan
Integrity	About
Justice	Keadilan
Politics	Politik
Resolution	Resolusi
Security	Powiat
Solution	Bobot
Treaty	Mbok

Driving
Nyopir

Accident	Kacakatan
Brakes	Rem
Car	Mobil
Danger	Aja
Driver	Umur
Fuel	Bbm
Garage	Gsm
Gas	Gas
License	Lisensi
Map	Peta
Motor	Apa, %
Motorcycle	Motor
Pedestrian	Wong Mlaku
Police	Polisi
Road	Dalan
Safety	Kaamanan
Speed	Orbital
Traffic	Laliman
Truck	Truk
Tunnel	Trowongan

Energy
Energi

Battery	Gsm
Carbon	Karbon
Diesel	Yakitori
Electric	Listrik
Electron	Panci
Engine	Mesin
Entropy	Entropi
Environment	Katwijk
Fuel	Bbm
Gasoline	Bensin
Heat	Panas
Hydrogen	Hidrogen
Industry	Ursa +
Motor	Apa, %
Nuclear	Nuklir
Photon	Foto
Pollution	Polusi
Renewable	Cinavia
Turbine	Turbin
Wind	Angin

Engineering
Jimm Motorola

Angle	Javan
Axis	Sumbu
Calculation	Itungan
Construction	Konstruksi
Depth	Jabur
Diagram	Pari Sd
Diameter	Tali Nilon
Diesel	Yakitori
Distribution	Distribusi
Energy	Surya
Levers	Lawangé
Liquid	Cair
Machine	Mesin
Measurement	Pengukuran
Motor	Apa, %
Propulsion	Propolisan
Stability	Stabilitas
Strength	Kekuatan
Structure	Struktur

Ethics
Ixora

Altruism	Altruwin
Compassion	Karangan
Cooperation	Koperasi
Dignity	Dharmaat
Diplomatic	Diplomatik
Honesty	Kejujuran
Humanity	Kolibri
Integrity	About
Optimism	Optimis
Patience	Sabar
Philosophy	Filosofi
Rationality	Ratalitas
Realism	Realisme
Reasonable	Matur
Tolerance	Juwit
Wisdom	Ndang Waras

Family
Kulawarga

Ancestor	Asal
Aunt	Lik
Brother	Abang
Childhood	Anak
Cousin	Sepupu
Daughter	Putri
Father	Rama
Grandchild	Pucu
Grandfather	Mbah Kakung
Grandmother	Mbah
Grandson	Avr.
Husband	Bojo
Maternal	Umur
Mother	Ibu
Nephew	Ponakan
Niece	Dhèwèké Bali
Paternal	Ancas
Sister	Dhik
Uncle	Paman

Farm #1
Ladang #1

Agriculture	Tetan
Bee	Tawon
Bison	Bison
Calf	Milano
Cat	Lékué
Chicken	Pitik
Cow	Sapi
Crow	Kudu
Dog	Asu
Donkey	Kuldi
Fence	Soca
Fertilizer	Pupuk
Field	Padang
Goat	Jawa
Hay	Bu
Honey	Madu
Horse	Jaran
Rice	Nasi
Seeds	Wiji
Water	Banyu

Farm #2
Ladang #2

Animals	Kewan
Barley	Www
Barn	Kayon
Corn	Jagung
Duck	Bebek
Farmer	Tani
Food	Matur
Fruit	Woh
Irrigation	Irigasi
Lamb	Kombu
Llama	Lama
Meadow	Padang
Milk	Susu
Orchard	Kedunan
Sheep	Kapok
Tractor	Traktor
Vegetable	Sayuran
Wheat	Gandum

Flowers
Frasamon

Bouquet	Karo
Clover	Clownfish
Daisy	Dianthini
Dandelion	Kornélius
Gardenia	Arokaria
Hibiscus	Ophiuchus
Jasmine	Kutha
Lavender	Alamanda
Lilac	Lila
Lily	Liya
Magnolia	Alocasia
Orchid	Orkid
Peony	Rujak
Petal	Magic
Poppy	Nami Sup
Sunflower	Sunggingan
Tulip	Libra Sofa

Food #1
Panganan #1

Apricot	Hamil Muncrat
Barley	Www
Basil	Basil
Carrot	Wortel
Cinnamon	Kyair
Garlic	Rasa Bawang
Juice	Jus
Lemon	Washi
Milk	Susu
Onion	Banding
Peanut	Kacang
Pear	Woh Pir
Salad	Salat
Salt	Garam
Soup	Sup
Spinach	Bayem
Strawberry	Yoghurt Nata
Sugar	Gula
Tuna	Tuna
Turnip	Turnip

Food #2
Panganan #2

Apple	Ursa
Artichoke	Parmigiano
Banana	Pisang
Bread	Roti
Broccoli	Brokoli
Celery	Seler
Cheese	Keju
Cherry	Alam Wangi
Chicken	Pitik
Chocolate	Coklat
Eggplant	Telong
Fish	Ikan
Grape	Anggur
Ham	Ham
Kiwi	Pitaya
Mushroom	Jamur
Rice	Nasi
Tomato	Tomat
Wheat	Gandum
Yogurt	Grana Padano

Force and Gravity
Pasukan Ian Gravitasi

Axis	Sumbu
Center	Pusat
Discovery	Penemuan
Distance	Lunga
Dynamic	Dinamis
Expansion	Ékspansi
Magnetism	Magnis
Mechanics	Mekanik
Orbit	Orbit
Physics	Fisika
Pressure	Tekanan
Properties	Properti
Speed	Orbital
Time	Gram
Universal	Mbus
Weight	Boot

Fruit
Woh-Wohan

Apple	Ursa
Apricot	Hamil Muncrat
Avocado	Avokado
Banana	Pisang
Berry	Dibatalaké
Cherry	Alam Wangi
Coconut	Kelapa
Fig	Gbr
Grape	Anggur
Guava	Jambu
Kiwi	Pitaya
Lemon	Washi
Mango	Mangga
Melon	Jambon
Nectarine	Nektarine
Papaya	Pitaya
Peach	Niki
Pear	Woh Pir
Pineapple	Nanas
Raspberry	Tiramisu

Garden
Phunapasin

Bench	Kiwa
Bush	Bokor
Fence	Soca
Flower	Jambon
Garage	Gsm
Garden	Taman
Grass	Grus
Hammock	Hammaca
Hose	Selang
Orchard	Kedunan
Pond	Dhisik
Rake	Fraké
Shovel	Sokep
Terrace	Teras
Trampoline	Pingpong
Tree	Wot
Weeds	Upas

Gardening
Dikon Grand Hill

Blossom	Annona
Botanical	Botanikal
Bouquet	Karo
Climate	Iki
Compost	Wiki
Container	Konten
Dirt	Reged
Edible	Lucu
Exotic	Eksotis
Foliage	Gedong
Hose	Selang
Leaf	Godhong
Moisture	Elembap
Orchard	Kedunan
Seasonal	Musim
Seeds	Wiji
Water	Banyu

Geography
Géyograpi

Altitude	Dhuwur
Atlas	Ursa
City	Gsm
Continent	Bana
Country	Negara
Equator	Ekuator
Island	Pulau
Latitude	Wadi Harmalah
Map	Peta
Meridian	South Nampa
Mountain	Gunung
North	Lor
Ocean	Kiwa
Region	Gsm:
River	Kali
Sea	Laut
South	Kidul
Territory	Wilayah
West	Kulon
World	Nata

Geology
Gqologi

Acid	Asam
Calcium	Kalsium
Cavern	Ana
Continent	Bana
Coral	Koala
Crystals	Kristal
Cycles	Siklus
Earthquake	Lindhu
Erosion	Erosi
Fossil	Kaktus
Geyser	Alastria
Lava	Lava
Layer	Lair
Minerals	Mineral
Plateau	Piro
Quartz	Www
Salt	Garam
Stalactite	Kréta
Stone	Batu
Volcano	Bungkah

Geometry
Geometri

Angle	Javan
Calculation	Itungan
Circle	Lingkaran
Curve	Kurve
Diameter	Tali Nilon
Dimension	Dimensi
Equation	Rumus
Height	Dhuwur
Horizontal	Horisontal
Logic	Logika
Mass	Masa
Median	Antropologi
Number	Nomor
Parallel	Paralel
Proportion	Babagan
Segment	Bumbu
Surface	Surya
Symmetry	Symetri
Theory	Atis
Triangle	Triangulum

Government
Pulitiksunting

Civil	Sipil
Constitution	Konstitusi
Democracy	Sosialis
Discussion	Diskusi
Equality	Kesetaraan
Independence	Iji-P
Justice	Keadilan
Law	Hukum
Leader	Ing.
Liberty	Washi
Monument	Monumen
Nation	Bangsa
Peaceful	Tenang
Politics	Politik
Speech	Wicara
State	Negara
Symbol	Simbol

Hair Types
Rambut Rontok

Bald	Buthak
Black	Ireng
Blond	Pirang
Braided	Kepang
Braids	Kaviar
Brown	Coklat
Curls	Kulit
Curly	Frizzy
Dry	Garing
Gray	Widi
Healthy	Sehat
Long	Lunga
Shiny	Ngirin
Short	Imut
Soft	Lembut
Thick	Tebal
Thin	Ipis
White	Putih

Health and Wellness #1
Kesehatan Ian Kesejahter

Active	Aktif
Bacteria	Bakteria
Bones	Dilah
Clinic	Klinik
Doctor	Abang
Fracture	Patah
Height	Dhuwur
Hormones	Hormon
Hunger	Luwe
Injury	Ciloko
Medicine	Obat
Muscles	Otot
Nerves	Saraf
Pharmacy	Farmasi
Reflex	Umsiyat
Relaxation	Relaksasi
Skin	Kulit
Therapy	Terapi
Treatment	Rawatan
Virus	Virus

Health and Wellness #2
Kesehatan Ian Kesejahter

Allergy	Alergi
Anatomy	Lipoma
Appetite	Napsu
Blood	Sing
Calorie	Kalori
Dehydration	Cavo Lan
Diet	Futian
Disease	Penyakit
Energy	Surya
Genetics	Genetik
Healthy	Sehat
Hospital	Kaca
Hygiene	Kebersihan
Infection	Infeksi
Massage	Urut
Nutrition	Nutrisi
Recovery	Mulih
Stress	Kaku
Vitamin	Karbohidrat
Weight	Boot

Herbalism
Simbol

Aromatic	Aromacik
Basil	Basil
Beneficial	Manfaat
Culinary	Kuliner
Fennel	Mung Boon
Flavor	Rasa
Flower	Jambon
Garden	Taman
Garlic	Rasa Bawang
Green	Ijo
Ingredient	Bahan
Lavender	Alamanda
Marjoram	Marjoram
Mint	Galanga
Parsley	Ngomong
Plant	Tanaman
Quality	Kualitas
Rosemary	Muria
Saffron	Parmigiano
Thyme	Arum

Hiking
Coba Ruins

Animals	Kewan
Boots	Boot
Camping	W-Lan
Cliff	Katarina
Climate	Iki
Heavy	Abot
Map	Peta
Mountain	Gunung
Nature	Alam
Orientation	Ukuran:
Parks	Taman
Preparation	Persiapan
Stones	Batu
Summit	Warakusummit
Sun	Thu
Tired	Keseh
Water	Banyu
Wild	Tanpa

House
Saking

Attic	Attik
Broom	Sapu
Curtains	Gorden
Door	Brama
Fence	Soca
Fireplace	Panggung
Floor	Lantai
Furniture	Rumah Kaca
Garage	Gsm
Garden	Taman
Keys	Kunci
Kitchen	Pawon
Lamp	Kaca
Library	Kapustakan
Mirror	Ping Pong
Roof	Paten
Room	Kamar
Shower	Mandian
Wall	Tembol
Window	Idul

Human Body
Badan Manungsa

Ankle	Bungkung
Blood	Sing
Bones	Dilah
Brain	Otak
Chin	Andri
Ear	Kuping
Elbow	Siku
Face	Wajah
Finger	Diri
Hand	Omas
Head	Kepala
Heart	Ati
Knee	Brama
Leg	Macan
Lips	Lambe
Mouth	Lucuk
Neck	Sanuk
Nose	Irung
Shoulder	Pudhuk
Skin	Kulit

Insects
Serangga

Ant	Landa
Aphid	Apikol
Bee	Tawon
Beetle	Kumbang
Butterfly	Kupu
Cicada	Paku Paku
Cockroach	Cocok
Dragonfly	Kanggo
Flea	Kousaka
Grasshopper	Kangkung
Ladybug	Sushi Sudoku
Larva	Marga
Locust	Mung
Mantis	Tapir
Mosquito	Nyamuk
Termite	Rayap
Wasp	Anné
Worm	Cacing

Jazz
Buda

Album	Buku Lali
Artist	Arta
Composer	Komposisi
Concert	Konser
Drums	Drum
Emphasis	Manah
Famous	Sipat
Favorites	Favorit
Improvisation	Saéngga
Music	Musik
New	Anyar
Old	Lawas
Orchestra	Gariné
Rhythm	Irama
Song	Lagu
Style	Gaya
Talent	Bakat
Technique	Teknik

Kitchen
Masak

Apron	Popok
Bowl	Ulam
Chopsticks	Sumpit
Cups	Cup
Food	Matur
Forks	Jinis
Freezer	Bakul
Grill	Mangalis,
Jug	Lomba
Knives	Palasi
Napkin	Panci
Oven	Ha Lan
Recipe	Resep
Refrigerator	Kulkas
Spices	Basa
Sponge	Bunraku
Spoons	Sendok

Landscapes
Tamarisuk

Beach	Soba
Cave	Gua
Desert	Daging Sapi
Geyser	Alastria
Glacier	Taman
Hill	Joplin
Iceberg	Kapinua
Island	Pulau
Lake	Tlaga
Mountain	Gunung
Oasis	Umrah
Ocean	Kiwa
Peninsula	Cukurbag
River	Kali
Sea	Laut
Swamp	Rawa
Tundra	Volantis
Valley	Onggi
Volcano	Bungkah
Waterfall	Dumadi

Literature
Karya Sastra

Analogy	Analogi
Analysis	Hubsapa
Anecdote	Orsis
Author	Salat
Biography	Biografi
Comparison	Sunyah
Conclusion	Panutup
Description	Ngobrol
Dialogue	Dialog
Fiction	Fiksi
Metaphor	Metafor
Narrator	Narator
Novel	Ning Ning
Poem	Puji
Poetic	Turksih
Rhyme	Khasiat
Rhythm	Irama
Style	Gaya
Theme	Tema
Tragedy	Tragedi

Mammals
Bos Mutus

Bear	Kolibri
Beaver	Janggut
Bull	Kango
Cat	Lékué
Coyote	Arit
Dog	Asu
Dolphin	Lumba-Lumba
Elephant	Gajah
Fox	Fox
Giraffe	Jelajah
Gorilla	Gorila
Horse	Jaran
Kangaroo	Kanguru
Lion	Singa
Monkey	Monyet
Rabbit	Kecil
Sheep	Kapok
Whale	Paus
Wolf	Jantur
Zebra	Ping

Math
Matématika

Angles	Marga
Arithmetic	Aritmatik
Circumference	Lingkaran
Decimal	Desimal
Diameter	Tali Nilon
Equation	Rumus
Exponent	Mawista
Fraction	Fraksi
Geometry	Géomog
Parallel	Paralel
Parallelogram	Planity
Perimeter	Anandha
Polygon	Poligon
Rectangle	Impinj
Square	Kula
Symmetry	Symetri
Triangle	Triangulum

Measurements
Pangukuran

Byte	Turu
Centimeter	Centiter
Decimal	Desimal
Degree	Kuligai
Depth	Jabur
Height	Dhuwur
Inch	Cm cm Cm
Kilogram	Bologram
Kilometer	Mados
Length	Lengka
Liter	Gram
Mass	Masa
Minute	Menit
Ounce	Ons
Ton	Ton
Weight	Boot

Meditation
Yogkala

Acceptance	Nampa
Awake	Tangi
Breathing	Péma
Calm	Tenang
Clarity	Kathi
Compassion	Karangan
Emotions	Emosi
Gratitude	Syukur
Mental	Umur
Mind	Pikiran
Movement	Purna
Music	Musik
Nature	Alam
Peace	Salam
Perspective	Prostat
Silence	Meneng
Thoughts	Pikir

Music
Musik

Album	Buku Lali
Ballad	Balad
Chorus	Koro
Classical	Klasik
Harmonic	Harmonis
Harmony	Harmoni
Instrument	Instrumen
Lyrical	Lirik
Melody	Ora
Microphone	Mikrofon
Musician	Musik
Opera	Soba
Poetic	Turksih
Recording	Catatan
Rhythm	Irama
Rhythmic	Ritmi
Sing	Sing Ik
Singer	Swara
Tempo	Panggung
Vocal	Vokal

Musical Instruments
Instrumèn Musiké

Banjo	Kabar
Bassoon	Viola
Cello	Mèdia
Drum	Drum
Flute	Suling
Gong	Wongo
Guitar	Gitar
Harp	Harap
Mandolin	Mandolin
Marimba	Marimbalès
Oboe	Bislama
Percussion	Nagara
Piano	Piano
Saxophone	Bass
Tambourine	Tambur
Trombone	Trombon
Trumpet	Trump
Violin	Mus

Mythology
Mytalon Opsior

Archetype	Monokrom
Behavior	Prilaku
Beliefs	Percaya
Creation	Nyipta
Creature	Makhluk
Culture	Budaya
Disaster	Bencana
Heaven	Aran
Hero	Pahlawan
Immortality	Mati
Jealousy	Italia
Labyrinth	Labirin
Legend	Legenda
Lightning	Kilat
Monster	Haid
Revenge	Standby
Strength	Kekuatan
Thunder	Mrénéa
Warrior	Pandur

Nature
Alam

Animals	Kewan
Arctic	Artik
Beauty	Lipoma
Bees	Tawon
Clouds	Awan
Desert	Daging Sapi
Dynamic	Dinamis
Erosion	Erosi
Fog	Kabut
Foliage	Gedong
Forest	Hutan
Glacier	Taman
Peaceful	Tenang
River	Kali
Sanctuary	Sidonya
Serene	Banyu
Tropical	Tropika
Vital	Ruslan
Wild	Tanpa

Numbers
Nutulaulud

Decimal	Desimal
Eight	Walu
Eighteen	Miawon
Fifteen	Saka
Five	Lima
Four	Papat
Fourteen	Bisar
Nine	Sangang
Nineteen	Sangalas
One	Siji
Seven	Pitu
Seventeen	Pitulas
Six	Enem
Sixteen	Genem
Ten	Tambah
Thirteen	Urut
Three	Telu
Twelve	Rolas
Twenty	Rong
Two	Dua

Nutrition
Rujukan

Appetite	Napsu
Balanced	Balance
Bitter	Pait
Calories	Kalori
Diet	Futian
Digestion	Prostat
Edible	Lucu
Fermentation	Iso-Uni
Flavor	Rasa
Health	Blog
Healthy	Sehat
Liquids	Cairan
Nutrient	Nutrien
Proteins	Mangan
Quality	Kualitas
Sauce	Saus
Spices	Basa
Toxin	Racun
Vitamin	Karbohidrat
Weight	Boot

Ocean
Samudra

Algae	Alga
Coral	Koala
Crab	Wongnai
Dolphin	Lumba-Lumba
Eel	Paling
Fish	Ikan
Jellyfish	Ubur-Ubur
Octopus	Pikir
Oyster	Takoyaki
Reef	: Lol
Salt	Garam
Shark	Hiu
Shrimp	Udang
Sponge	Bunraku
Storm	Dawud
Tides	Ombak
Tuna	Tuna
Turtle	Yoni
Waves	Udu:
Whale	Paus

Pets
Sara Cuk

Cat	Lékué
Collar	Klar
Cow	Sapi
Dog	Asu
Fish	Ikan
Food	Matur
Goat	Jawa
Hamster	Bokongé
Kitten	Kucing
Lizard	Kacud
Mouse	Baluns
Parrot	Dibiwara
Puppy	Upin
Rabbit	Kecil
Tail	Asilliah
Turtle	Yoni
Veterinarian	Sadasa
Water	Banyu

Philanthropy
Dr Zoumalan

Children	Anak
Community	Kraton.
Contacts	Kontak
Finance	Ngawasi
Funds	Dana
Generosity	Protozoa
Goals	Gol
Groups	Grup
History	Sejarah
Honesty	Kejujuran
Humanity	Kolibri
Mission	Misi
People	Wong
Programs	Program
Public	Umum
Youth	Muda

Photography
Anami Blog

Black	Ireng
Camera	Kamera
Color	Warna
Composition	Komposisi
Contrast	Kontras
Darkness	Lagu
Definition	Definisi
Format	Priyaranja
Frame	Pigura
Lighting	Lampu
Object	Objek
Perspective	Prostat
Portrait	Potret
Shadows	Ayun
Subject	Téma
Texture	Jinis
Visual	Visual

Physics
Fisika

Atom	Atom
Chaos	Kaos
Chemical	Kimia
Density	Kedepatan
Electron	Panci
Engine	Mesin
Expansion	Ékspansi
Formula	Formula
Frequency	Anténa
Gas	Gas
Magnetism	Magnis
Mass	Masa
Mechanics	Mekanik
Molecule	Molekul
Nuclear	Nuklir
Particle	Partikel
Relativity	Opatanol
Speed	Orbital
Universal	Mbus
Velocity	Ocbc

Plants
Tanduran

Bamboo	Bambung
Bean	Kacang
Berry	Dibatalaké
Blossom	Annona
Botany	Botani
Bush	Bokor
Cactus	Kaktus
Fertilizer	Pupuk
Flora	Auriga
Flower	Jambon
Foliage	Gedong
Forest	Hutan
Garden	Taman
Grass	Grus
Ivy	Ariawang
Moss	Tuk
Petal	Magic
Root	Jatijo
Tree	Wot
Vegetation	Vegetasi

Politics
Tok Pisin

Activist	Aktivis
Campaign	Kampanye
Candidate	Calon
Choice	Pilihan
Committee	Aktis
Equality	Kesetaraan
Ethics	Etika
Freedom	Apa, %
Government	Pemerintah
Opinion	Opiniaun
Policy	Modaland
Politician	Politik
Popularity	Kombu
Strategy	Basis
Taxes	Pajak
Victory	Victoria

Professions #1
Bapak ibu # 1

Ambassador	Duta
Astronomer	Astronomi
Attorney	Pengacara
Banker	Bangbang
Cartographer	Radiorama
Coach	Patih
Dancer	Indis
Doctor	Abang
Editor	Éditor
Firefighter	Gasilka
Geologist	Geologi
Hunter	Pamburu
Jeweler	Wangi
Musician	Musik
Nurse	Maret
Pianist	Pianis
Plumber	Lawan Bantal
Psychologist	Pacaran
Tailor	Asori
Veterinarian	Sadasa

Professions #2
Bapak Présidhèn ri 2.

Astronaut	Astronot
Biologist	Biologis
Dentist	Soca
Detective	Kontak
Engineer	Insinyur
Farmer	Tani
Gardener	Taman
Illustrator	Ilustrasi
Inventor	Dados
Journalist	Wartawan
Librarian	Pustaka
Linguist	Linguis
Painter	Simsiyap
Philosopher	Filosof
Photographer	Nad
Physician	Dokter
Pilot	Usb Vga
Surgeon	Maripan
Teacher	Guru
Zoologist	Vidiopor

Psychology
Psikologi

Assessment	Penilaian
Behavior	Prilaku
Childhood	Anak
Clinical	Klinik
Cognition	Kognisi
Conflict	Konflik
Dreams	Ngimpi
Ego	Mirror Sak
Emotions	Emosi
Ideas	Diancuk.
Perception	Skandha
Personality	Sipat
Problem	Masalah
Reality	Realiti
Sensation	Optika
Therapy	Terapi
Thoughts	Pikir

Rainforest
Alas Udan

Birds	Manuk
Botanical	Botanikal
Climate	Iki
Clouds	Awan
Community	Kraton.
Diversity	Bahagia
Insects	Dhialèk
Mammals	Mamal
Moss	Tuk
Nature	Alam
Preservation	Preservasi
Refuge	Shio
Respect	Resep
Restoration	Mulih
Survival	Survival
Valuable	Harga

Restaurant #2
Restoran #2

Cake	Manisan
Chair	Kursi
Delicious	Sedap
Dinner	Soba
Fish	Ikan
Fork	Garpu
Fruit	Woh
Ice	Ta
Lunch	Ping
Salad	Salat
Salt	Garam
Soup	Sup
Spices	Basa
Spoon	Sendok
Vegetables	Sayuran
Waiter	Penunggu
Water	Banyu

Science
Ngelmu

Atom	Atom
Chemical	Kimia
Climate	Iki
Data	Dados
Evolution	Evolusi
Experiment	Botani
Fact	Fakta
Fossil	Kaktus
Gravity	Gravitasi
Hypothesis	Hipotesis
Laboratory	Laboranata
Method	Metode
Minerals	Mineral
Molecules	Molekul
Nature	Alam
Particles	Partikel
Physics	Fisika
Plants	Ricotta
Scientist	Ilmu

Science Fiction
Fiksi Ilmiah

Atomic	Atom
Books	Buku
Chemicals	Kimia
Cinema	Kamar Ganti
Dystopia	Darabuka
Explosion	Folat
Extreme	Eksreme
Fantastic	Fantastis
Fire	Iki
Futuristic	Nunémoné
Galaxy	Hdm Global
Illusion	Ilusi
Imaginary	Binar
Mysterious	Misterius
Oracle	Ursa
Planet	Bérokan
Robots	Robot
Technology	Sc Lan
Utopia	Ussy
World	Nata

Scientific Disciplines
Disiplin Ilmiah

Anatomy	Lipoma
Archaeology	Arkeologi
Astronomy	Astronomi
Biochemistry	Biokimia
Biology	Biologi
Botany	Botani
Chemistry	Kimia
Ecology	Ekologi
Geology	Geologi
Immunology	Imunologi
Kinesiology	Kinesiologi
Linguistics	Linguistik
Mechanics	Mekanik
Mineralogy	Nikah
Neurology	Neurologi
Physiology	Fisiologi
Psychology	Psikologi
Sociology	Organika
Thermodynamics	Termodinamika
Zoology	Zoom

Shapes
Wangun

Arc	Arc
Circle	Lingkaran
Cone	Oval
Corner	Pojok
Cube	Sugih
Curve	Kurve
Cylinder	Align To:
Edges	Edge
Ellipse	Awak
Hyperbola	Pasta
Line	Mung
Oval	Auriga
Polygon	Poligon
Prism	Prisma
Pyramid	Piramid
Rectangle	Impinj
Side	Sisi
Square	Kula
Triangle	Triangulum

Spices
Rempah-Rempah

Anise	Surimi
Bitter	Pait
Cardamom	Kardam
Cinnamon	Kyair
Clove	Ki
Coriander	Kiwami
Cumin	Kombu
Curry	Kari
Fennel	Mung Boon
Flavor	Rasa
Garlic	Rasa Bawang
Ginger	Jahe
Licorice	Portulaca
Nutmeg	Grana Padano
Onion	Banding
Paprika	Paprimur
Saffron	Parmigiano
Salt	Garam
Sweet	Manis
Vanilla	Vanila

Sports
Olah Raga

Athlete	Atlet
Baseball	Bisbol
Basketball	Ping Pong
Bicycle	Sepeda
Championship	Kejuaraan
Coach	Patih
Game	Ihrami
Golf	Gusti
Gymnasium	Diplom-Ing.
Gymnastics	Gimnastik
Hockey	Hoki
Movement	Purna
Player	Pingi
Referee	Wasit
Stadium	Stadion
Team	Tim
Tennis	Tenis
Winner	Youwin

Technology
Teknologi

Blog	Faq
Browser	Window-Hint
Bytes	Bita
Camera	Kamera
Computer	Komputer
Cursor	Kursor
Data	Dados
Digital	Tivi
File	Kaapit
Internet	Sri Ratu
Message	Pesan
Screen	Layar
Security	Powiat
Software	Nontondramamu
Statistics	Statistik
Virtual	Virtualan
Virus	Virus

The Company
Company Lan

Business	Usaha
Creative	Kreatif
Decision	Keputusan
Employment	Pekerjaan
Industry	Ursa +
Innovative	Inovatif
Investment	Wongamat
Possibility	Kemungkinan
Presentation	Paduka
Product	Produk
Progress	Warta
Quality	Kualitas
Reputation	Reputasi
Resources	Risorsis
Revenue	Indhustri
Risks	Risiko
Units	Unit

Time
Wektu

After	Sawise
Annual	Taunan
Calendar	Csami
Century	Abad
Day	Dina
Decade	Lunga
Early	Awal
Future	Tambah
Hour	Jam
Minute	Menit
Month	Nata
Morning	Esuke
Night	Wengi
Noon	Siang
Now	Ora
Soon	Rauh
Today	Dini
Week	Ping
Year	Dés
Yesterday	Wingi

Town
Sisan

Airport	Bandara
Bakery	Pastry Jam
Bank	Bank
Cinema	Kamar Ganti
Clinic	Klinik
Florist	Anthisan
Gallery	Galeri
Hotel	Arabika
Library	Kapustakan
Market	Pasar
Museum	Kultur Trio
Pharmacy	Farmasi
School	Sekolah
Stadium	Stadion
Store	Toko
Supermarket	Tambah
Theater	Teater
University	Univ.
Zoo	Zoo

Universe
Pulisi Kosmis

Asteroid	Panduan
Astronomer	Astronomi
Atmosphere	Atom
Celestial	Musipak
Cosmic	Kosmik
Darkness	Lagu
Equator	Ekuator
Galaxy	Hdm Global
Horizon	Plankton
Latitude	Wadi Harmalah
Moon	Wulan
Orbit	Orbit
Sky	Langit
Solar	Surya
Solstice	Bukaké
Telescope	Teleskop
Visible	Katon
Zodiac	Zodiak

Vegetables
Trawa Rumput

Artichoke	Parmigiano
Broccoli	Brokoli
Carrot	Wortel
Celery	Seler
Cucumber	Timun
Eggplant	Telong
Garlic	Rasa Bawang
Ginger	Jahe
Mushroom	Jamur
Olive	Patè
Onion	Banding
Parsley	Ngomong
Pea	Kacang Polong
Pumpkin	Labu
Radish	Donguri
Salad	Salat
Shallot	Salot
Spinach	Bayem
Tomato	Tomat
Turnip	Turnip

Vehicles
Kendaraan

Airplane	Lékué
Ambulance	Ambans
Bicycle	Sepeda
Boat	Prau
Bus	Mura
Car	Mobil
Caravan	Karawang
Engine	Mesin
Ferry	Gili
Helicopter	Helikopter
Motor	Apa, %
Raft	Rakit
Rocket	Roket
Scooter	Jaban
Submarine	Gagarinn
Subway	Kulawarga
Taxi	Taksi
Tires	Ban
Tractor	Traktor
Truck	Truk

Water
Banyu

Canal	Kanal
Evaporation	Nguap
Frost	Frost
Geyser	Alastria
Humidity	Asor
Hurricane	Huruk
Ice	Ta
Irrigation	Irigasi
Lake	Tlaga
Moisture	Elembap
Monsoon	Muji
Ocean	Kiwa
Rain	Udan
River	Kali
Shower	Mandian
Snow	Salju
Steam	Crah
Waves	Udu:

Weather
Koh Rong Ilm

Atmosphere	Atom
Breeze	Maraica
Climate	Iki
Cloud	Awan
Drought	Kering
Dry	Garing
Fog	Kabut
Hurricane	Huruk
Ice	Ta
Lightning	Kilat
Monsoon	Muji
Polar	Macan
Rainbow	Pelangi
Sky	Langit
Storm	Dawud
Temperature	Suhu
Thunder	Mrénéa
Tornado	Kudu
Tropical	Tropika
Wind	Angin

Congratulations

You made it!

We hope you enjoyed this book as much as we enjoyed making it. We do our best to make high quality games.
These puzzles are designed in a clever way for you to learn actively while having fun!

Did you love them?

A Simple Request

Our books exist thanks your reviews. Could you help us by leaving one now?

Here is a short link which will take you to your order review page:

BestBooksActivity.com/Review50

MONSTER CHALLENGE!

Challenge #1

Ready for Your Bonus Game? We use them all the time but they are not so easy to find. Here are **Synonyms**!

Note 5 words you discovered in each of the Puzzles noted below (#21, #36, #76) and try to find 2 synonyms for each word.

Note 5 Words from *Puzzle 21*

Words	Synonym 1	Synonym 2

Note 5 Words from *Puzzle 36*

Words	Synonym 1	Synonym 2

Note 5 Words from *Puzzle 76*

Words	Synonym 1	Synonym 2

Challenge #2

Now that you are warmed-up, note 5 words you discovered in each Puzzle noted below (#9, #17, #25) and try to find 2 antonyms for each word. How many lines can you do in 20 minutes?

Note 5 Words from *Puzzle 9*

Words	Antonym 1	Antonym 2

Note 5 Words from *Puzzle 17*

Words	Antonym 1	Antonym 2

Note 5 Words from *Puzzle 25*

Words	Antonym 1	Antonym 2

Challenge #3

Wonderful, this monster challenge is nothing to you!

Ready for the last one? Choose your 10 favorite words discovered in any of the Puzzles and note them below.

1.	6.
2.	7.
3.	8.
4.	9.
5.	10.

Now, using these words and within a maximum of six sentences, your challenge is to compose a text about a person, animal or place that you love!

Tip: You can use the last blank page of this book as a draft!

Your Writing:

Explore a Unique Store
Set Up **FOR YOU!**

MEGA DEALS

BestActivityBooks.com/**TheStore**

Designed for Entertainment!

Light Up Your Brain With Unique **Gift Ideas**.

Access **Surprising** And **Essential Supplies!**

CHECK OUT OUR MONTHLY SELECTION NOW!

- Expertly Crafted Products -

NOTEBOOK:

SEE YOU SOON!

Linguas Classics Team

ENJOY FREE GAMES

NOW ON

↓

BESTACTIVITYBOOKS.COM/FREEGAMES